光尘
LUXOPUS

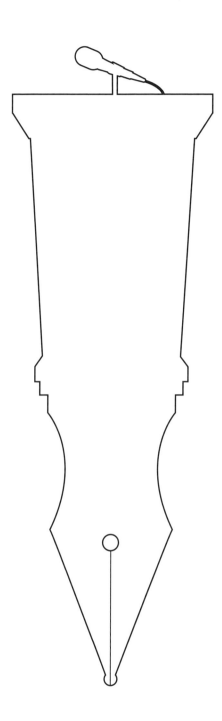

如何清晰地表达

麻省理工表达通识课

[美] 帕特里克·亨利·温斯顿 著

耿殿磊 宋红波 译

国际文化出版公司

· 北京 ·

图书在版编目（CIP）数据

如何清晰地表达／（美）帕特里克·亨利·温斯顿著；
耿殿磊，宋红波译 . —— 北京：国际文化出版公司，
2022.3（2023.8 重印）
ISBN 978−7−5125−1398−3

Ⅰ . ①如… Ⅱ . ①帕… ②耿… ③宋… Ⅲ . ①语言表
达－通俗读物 Ⅳ . ① H0−49

中国版本图书馆 CIP 数据核字 (2022) 第 023578 号

北京市版权局著作权合同登记号 图字 01−2021−7314 号

如何清晰地表达

作　　者	［美］帕特里克·亨利·温斯顿	
译　　者	耿殿磊　宋红波	
责任编辑	李　璞	
出版发行	国际文化出版公司	
经　　销	国文润华文化传媒（北京）有限责任公司	
印　　刷	文畅阁印刷有限公司	
开　　本	880 毫米 ×1230 毫米　　32 开	
	8.375 印张　　　　　200 千字	
版　　次	2022 年 3 月第 1 版	
	2023 年 8 月第 7 次印刷	
书　　号	ISBN 978−7−5125−1398−3	
定　　价	59.00 元	

国际文化出版公司
北京朝阳区东土城路乙 9 号　　　　邮编：100013
总编室：（010）64270995　　　　传真：（010）64270995
销售热线：（010）64271187
传真：（010）64271187−800
E−mail：icpc@95777.sina.net

目　录

第五部分　设计之道

第六部分　特例处理

序　言

沟通是人类文明进步最重要的动力。倘若人类不具备高超的沟通能力，可能至今还依然生活在洞穴之中，一边拼命寻找食物，一边充满了对掠食者的恐惧。人类创造的所有事物，从汽车、电脑，到诗歌，无一不是彼此交流的产物。

然而，人与人之间的交流效力，以现代信息技术中的香农熵（Shannon entropy）[①] 衡量，其带宽局限在 10 比特 / 秒之内。无论我们是口头交流还是书面沟通，这个速率都极为低下。相比之下，如今最普通的个人电脑，其通信速度也能达到千兆比特 / 秒，这一速度比人类通信速度快 1 亿倍。

那么，我们怎样才能突破如此低下的人际交流的瓶颈呢？本书旨在激发读者的想象力，为促进有效交流提出具体的解决方案。

每当演讲者与听众交流时，前者会在后者的脑海中激发出一帧帧画面或者一个思维范式。具体来说，演讲者通过与听众共同的文化传统和人生经历，在听众的头脑中激发出万千复杂的思绪。

这种基于范式的人际交流技巧起到了压缩信息的作用，而交流双方共同的文化传统和人生经历则像一串串代码，帮助实现一个计

---

① 信息熵：由信息论之父香农于 1948 年提出，指经过有效压缩所产生的信息量。

算机数据压缩的功能。

因此，高效的人际沟通技巧，一方面是为了突破极低的信息带宽速率限制（10 比特／秒）；另一方面，是演讲者通过在听众脑海中建立情感思维范式，巧妙地唤起和支配他们的情感共鸣，抓住他们的兴趣，从而达到与其有效沟通的目的。

本书作者帕特里克·亨利·温斯顿（Patrick Henry Winston）是一位充满智慧、能力卓越、心怀善念的沟通大师，他能将以上两种沟通技能在人际交流实践中融会贯通。

从 1979 年初我到麻省理工学院读大学时与帕特里克结识，直至他 2019 年去世，我们相识 40 载。在他去世前几天，我有幸最后一次和他讨论有效人际沟通的问题。那天，尽管他病情严重，病房环境也不好，但我们相谈甚欢。

我们首先谈及，人类深奥的人际交流方式似乎存在 10 比特／秒的瓶颈问题，这一点通过脑电图可以显示。

我们接着谈到，由于视觉皮层会将视网膜图像压缩为认知意义，因此，即使是人类的视觉系统可能也无法传递更高的信息熵。接下来，我们还讨论到，美国国防部高级研究计划局（DARPA）、初创企业脑机接口公司（Neuralink）等机构，都在探索利用前沿的大脑接口技术突破低速率限制的问题。但我们两个人对此都持怀疑态度，也许人类大脑的认知部分在输入与输出层面都有着信息带宽的根本限制，无法轻易突破人类正常交流的速率限制。

最后，我们从数据提炼问题漫谈开来，讨论了有效沟通的另一个方面：如何讲好故事艺术，以及如何准确预判听众的心理，通过讲故事激发他们的兴趣。我们的共识是，演讲人能够充分把握听众的心理从而吸引他们参与其中并集中注意力，实属难得！但此等交流技巧完全可以通过学习掌握。

帕特里克已成功将这门沟通艺术传授给了许多人，我们通过他关于演讲的艺术掌握了许多沟通技巧。

有机会师从于帕特里克这样的沟通大师，跟他学习有效沟通的技巧，我备感荣幸，我对他的这种感激之情难以言表。承蒙大师教导，我和很多人都受益良多，我自己每天都在运用他所传授的沟通技巧。在我心中，帕特里克是传授人际沟通与讲好故事技巧最为出色的老师！

相信你一定会从帕特里克·亨利·温斯顿这部著作中受益匪浅！

吉尔·普拉特（Gill Pratt）

麻省理工学院电气工程与计算机科学专业 1983 届科学学士、

1987 届科学硕士、1989 届博士

丰田研究院首席执行官

丰田汽车公司研究员

引言：学习有效提升沟通之道

本书的宗旨在于帮助你有效提升演讲能力和写作水平。只要你在学习沟通技巧上舍得投入时间，你的回报率将会超过你在其他方面的投入。

你将学到一些适用于各种交流（包括口头交流和书面沟通）的原则。阅读后，只要你能运用其中一项原则，相信你的人生或将因此发生改变，例如得到新的工作机会，赢得某项大奖，获得他人资助或大单合同，完成销售业绩，说服老板接受你的建议，赢取风险投资，启发学生成长，甚或引发某种革新，等等。

学习演讲与写作之道

如果你从事商业，尤其是从事销售和市场营销方面的工作，你需要具备说服他人或向人传授技能的本领。很多其他的工作也都需要具备这种能力，例如：从事培训或教育行业，开展人类学或动物学研究，从事国防或执法工作，指导学生提高学习成绩，宣传或经营非营利组织，从事法律、医学、建筑或新闻方面的工作，等等。从事这些工作具有一个共同特点，即都需要将你自己的想法有效传达给别人。

很多工作需要从业者说服他人或向人传授技能，因而需要具备良好的演讲和写作技巧。例如：为演讲制作幻灯片，帮助别人筹备演讲；讲课、质询证人、发表竞选公职演讲；撰写学术论文、意见书、法律简报或商业计划等各种文书，不胜枚举。这些工作的相通之处在于都需要从业者具备出色的演讲能力和写作水平。

学习职场沟通技巧

当年在成为麻省理工学院人工智能教授之时，我就下定决心，一定要认真研究我身边那些具备良好沟通技巧的人，探究优秀沟通者的成功之道。

我个人有很多工作都要求具备良好的沟通能力。作为教授，我经常聆听别人演讲，自己也发表演讲，或者做研究报告、会议报告和工作小组报告。作为作者，我撰写和编辑过很多关于编程语言、人工智能等方面的书籍。作为实验室主任，我撰写过不少研究计划，并学会了推销自己的研究成果。作为政府科学顾问委员会的成员，我参加过无数关于各种主题的项目汇报会，学会了如何撰写政府部门的赞助商非常重视的各种可行性建议报告。作为企业家，我经常与风险投资家交流，并了解了他们对项目申请报告的关注重点。

我在自己的工作中学到了很多关于人际沟通的技巧，并在不断实验和试错的过程中积累经验。我之所以收获颇丰，主要得益于我观察和研究了许多善于沟通的人士，并借鉴了一些见多识广的评论家提出的意见。阅读此书，相信你可以直接收获我几十年以来从有识之士身上所学到的宝贵财富。他们中不仅有我的同事，而且有作家、研究人员、学生、记者、编辑、赞助商、律师、军官、政治家、商界人士、投资者、艺术家、建筑师、厨师、设计师、音乐家、神学家，以及一些跨职业的人士。

学习有效沟通的诀窍

如果你能掌握某一方面的演讲和写作技巧，你一定会在各种类型的演讲和写作中表现出色。以下是我个人或我帮助学生开展的一些典型性活动：

- 在研讨会上展示研究成果
- 为科技期刊撰写论文
- 向数百名听众发表演讲
- 制定筹资方案
- 向业界报告业绩
- 致函编辑发出呼吁
- 在颁奖晚宴上做餐后演讲
- 利用海报和展板发表演讲
- 撰写评论
- 为别人撰写推荐信
- 成功通过论文答辩
- 进行求职面试个人陈述

如果你从我上述活动的经验中能学会一些沟通技能，可以帮助你应对以下活动中可能面临的一些沟通挑战：

- 向风险投资家陈述商业构想

- 向客户推销产品

- 向经理展示发展计划

- 汇报咨询业务的研究成果

- 陈述研究小组的建议

- 向不熟悉你所在领域的重要人士介绍相关情况

- 组织小组讨论

- 撰写评论文章

- 与面试官一起组织面试

- 激励同事

　　我在以上列举的活动中，曾有过克服各种挑战的经历。我有理由相信：一旦你掌握某一种演讲和写作技巧，必能在各种演讲和写作的场合中百战不殆。

　　在本书的第一部分，我会介绍一些沟通要领供大家学习，它们适用于各种演讲和写作。在本书的后续部分，我将以这些要领为基础拓展有关内容，先后介绍演讲、传授技能、写作、设计之道，并列举一些特殊案例（其他类型的表达）。你需要阅读全书，但倘若有必要，你也可以根据自己亟须解决的问题，选择从相关章节开始阅读。

学习听从自己的声音

　　有一次，我在1万米左右的高空乘机飞行，无聊之际，顺手拿起一本航空公司的杂志，正好翻到瑞典滑雪名将英格玛·斯滕马克

（Ingemar Stenmark）的一篇采访报道。斯滕马克可以说是历史上最伟大的障碍滑雪和大回转滑雪运动员，拜读他的故事使我深受启发。

在采访中，记者问斯滕马克是如何取得如此辉煌的成就的，他回答说，自己是通过观察其他滑雪者、分析他们的动作，并根据自己的身体状况和整体风格做出调整，最终才形成自己的特色。

在阅读本书时，你可以像斯滕马克一样，先对我给出的建议进行分析，并对之加以调整，从而形成适合自己的风格。一旦你发现有一些原则可以让你的沟通变得更为高效，你应当搜索应用这些原则的各种信息。每当你发现了出色的演讲或优美的文章时，你要思考它们到底好在哪里，你从中是否可以找到适合自己风格的原则。正如我从事人文学科的朋友们喜欢说的那样，我们要听从自己内心的声音。

我在本书中提出了很多条原则，但不可能条条都放之四海而皆准。请记住这一点：尽管有的演讲者和作者在人际沟通中的做法与本书的某些原则背道而驰，这未必妨碍他们出类拔萃。但是，出色的演讲者和作者一定会与本书的一些原则不谋而合。

学习变得更智慧

本书在教你学会高效沟通的同时，也将教你学会组织你的思想，分析自己的优势和劣势，把精力集中在重要的事情上。从本书，你还将学会在口头和书面的沟通中，辨识和牢记沟通的要诀。

本书期望

- 阅读本书，你能够学会如何高效进行口头和书面沟通
- 阅读本书，你可以收获满满

第一部分

沟通之道

1 如何说服他人

在本章中，你将学习一些有效沟通的原则。如果你希望别人聘用你、尊重你、欣赏你的想法、做出有利于你的明智决定、支持你的意见，或者购买你的产品，这些原则将有助于你说服你的听众或读者，赢得他们对你本人、你的想法或者产品的支持。

你将重点学习一些掌握口头演讲和讲稿书写节奏的技巧，确保你的受众能听懂或者读懂你的观点。

沟通宜开门见山

我曾长期在位于加州圣地亚哥的前美国海军研究咨询委员会（NRAC）工作，为美国海军部提供科学技术方面的咨询。有一天，我和委员会的另外两位成员——得克萨斯大学的威廉·韦尔登（William Weldon）教授和科罗拉多大学的德洛丽丝·埃特尔（Delores Etter）教授一起在鱼市餐厅吃饭。

在闲谈过程中，我们聊到招聘新教员的问题。无意之间，我问到他们在招新面试时，会看重面试者哪些方面的素质和能力。两个人都认为，应聘人应清晰阐明自己的职业规划，并且前期已经为此付诸相关行动。

我接着问他们，求职者陈述发言的时间应如何控制，韦尔登认为最多不能超过 5 分钟。

这么短的时间意味着面试者不能像演奏交响乐，一步步将自己的想法逐步展开，直至最后才展示自己的宏图大略和卓越表现。相反，他们一上来就应该开门见山直奔重点。

开门见山原则不仅适用于求职面试的陈述，同样也适用于表达自己想法的各种口头发言。设想你只有不过几分钟时间来说服别人听你讲话，如果你一上来没有阐明你本人或者你的组织的愿景目标，以及你们前期采取的相关行动，那么，面试者或许会坐在那里开小差，考虑午餐吃什么或者回复短信。至于书面报告，如果你不能开门见山，那后果就更不容乐观了：忙碌的读者可能只会花几秒钟扫一下，就当场决定是否会继续拜读你的大作。

使用 VSN-C 框架

为了确保让听众或读者了解你的愿景目标，以及你已经为此付出的行动，你需要借助一个陈述框架，帮助自己掌控发言和书写的节奏。为了有效沟通，我自创了一个 VSN-C 方法。首先，要简要陈述你希望实现的愿景目标（Vision）；其次，列举你为推动愿景目标实现已经采取的行动步骤（Steps）；再次，报告你近期工作的进展（News）；最后，展示你的工作成果（Contributions）。

简言之，报告开头要摆出愿景目标、实施步骤和近期进展三个环节，之后进入主体部分展开论述，最后展示成果，如图 1-1 所示。

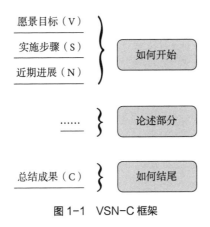

图 1-1　VSN-C 框架

提出愿景目标

你的愿景目标应当包括：人们关心的问题及其解决方案。你不能只顾自己一个人对相关问题充满热情，还务必要引起你的受众也对问题感到兴趣。

（1）针对不同群体提出不同的愿景目标

有一次，我在位于罗得岛州纽波特市的海军战争学院（Naval War College）给军官做一场报告的预讲，演讲内容是关于人工智能在信号处理中的应用，会后我个人感觉效果很出彩。但是，海军部长助理杰拉尔德·A. 坎恩（Gerald A.Cann）听了报告却有不同意见，他认为我的演讲"过于学术化"。然而，海军军官群体所关心的问题是，执行海军任务所面临的威胁以及应对策略。针对这一点，我重新组织了报告内容，目标不再突出信号处理，而是把重心放在探测潜艇上。

假如你的受众是科技企业家或风险投资者，他们的目标是找到新的赚钱方式，那么他们感兴趣的报告主题可能是如何创办一家生产销售低成本的通用工业机器人公司。

如果你的受众是一家大型制造企业的副总裁，他关心的问题可能是寻求降低成本的新方法。那么，吸引他的演讲主题可能是如何通过使用成本低但生产力高的机器人，解决成本急剧攀升的问题。

假如你的受众是学者，他们好奇心强，对一切新事物都感兴趣，但最感兴趣的应当是他们所处领域尚未解决的问题。因此，能够吸引他们注意力的演讲内容，可能是在他们领域内尚未解决的问题，并为他们提供解决问题的新视角。

（2）根据特定群体确定演讲标题

你演讲报告的标题能不能直接写"愿景目标"呢？当然可以，但有时根据特定群体的需求，确定演讲标题效果会更好。你可以交替使用"挑战""机遇""目标""假设"等词语。

列举实施步骤

如果你已经就某个问题及其解决方案提出了一个"愿景目标"，你一定要让听众信服，你前期已经为此做了相应的准备。为此，你首先要展示你有一份深思熟虑的计划，然后说明你至少在一个实施步骤上已经取得了进展，让人家相信你有足够的聪明才智承担解决相关问题的大任。

注意，在陈述实施步骤部分时，你不必将所做的工作不论巨细一一列举。比如，你不必罗列一些细致入微、不言而喻或问题无解等方面的细节。重要的是，你要说清楚自己围绕着"愿景目标"前期已经做了哪些周密的思考。正如艾森豪威尔总统（Dwight David Eisenhower）在 1957 年 11 月国防行政储备会议上所指出的，"计划本身毫无价值，但制定计划的过程却十分重要"。

如果你申请一份教师或研究员职位，并不需要你在前期完成所有实施步骤。其实，你需要强调的是，你如果有幸被录用，你将跃跃欲试在新的岗位上完成下一步任务，毕竟没有公司愿意看到员工只会在前单位业绩的基础上修修补补。

然而，如果你应聘的是商务类工作，就不应强调自己计划在新的岗位上推陈出新，而应当是在过去成功经验的基础上续写辉煌。

说明近期进展

你可以在"近期进展"部分讲述你近期完成的工作，这部分可以作为重点来讲。先摆出你的成绩，然后在其他部分说明你是如何取得这些成绩的。

这样做是为了让你的受众觉得你不是在赘述以前的工作，而是立足于当下的新使命。你要让他们感受到你的兴奋、你的激情，对你明天、下周以及更远未来计划开展的工作充满期待！一定要让他们因为有机会提前与你分享你的成就而备感自豪。

进入主体论述

当你按照上述框架，陈述了愿景目标，列举了行动步骤，并且说明了近期取得的工作进展，接下来，你将进入演讲的主体内容部分，在此可以根据你的演讲提纲，详细阐述你的前期工作。

你可以将演讲的主体部分划分成几个模块分类阐述。这样做不仅能帮你对各个模块做小结，还可以把那些中途开小差的听众拉回到演讲中来。

不同群体有特定的期望。比如，如果你做一场技术方面的演讲，听众可能期望幻灯片的标题中含有"问题陈述""解决方法""最后结果""作用机制及原因分析""故障类型及原因分析"等相关字眼。

进行成果展示

如果你想说服你的听众和读者，自己前期已为相关愿景目标付诸了相关行动，你应该用一张标题为"成果"的幻灯片，来结束你的演讲。幻灯片上只写"谢谢"不会给听众留下良好印象。

同样，书面报告也应以"成果"之类为标题的小节结尾，总结你个人或团队在工程技术、科学研究、商业才智、军事筹备、非营利性工作上的成果，或者其他方面做出的贡献，这样更能令人印象深刻。

如果只在"结论"幻灯片部分，漫无边际地谈论问题有多难、别人所做的工作，或者你下一步初步计划怎么做，这样也不会给听众留下良好印象。

2　如何让人对你印象深刻

在本章中，你将学习 5 种技巧，让你的口头演讲和书面报告令人印象深刻。从本章开始，你将学习如何让受众充分理解你的想法。

使用点睛之语

如果你问一下周围的人，他们对口头演讲或书面报告印象最为深刻的是什么。他们很可能会告诉你，是一些简短精悍、类似点睛之语、起标识作用的单词或词语。

　　就我所研究的人工智能领域而言，一场报告让大家印象深刻的可能是一些点睛之语，例如："噢！他报告讲的是关于'包容体系架构''反向传播算法''合并操作'方面的内容。"

　　纲领性点睛之语也可能是计算机软件名称，譬如大家可能会记忆犹新：噢！是他领导了故事解读软件"创世记"（*Genesis*）、冒险游戏程序"华生"（*Watson*）的研发工作。

　　在讲述你的工作时，你应该为之拟定一个好的点睛之语，并让受众记住。在演讲中，为了强调你的点睛之语，你可以明确说明："关于我工作的核心观点（即你希望大家记住的要点）是（点睛之语）。"在书面报告中，你可以把你的点睛之语放在标题、摘要、开头和结尾的位置，或放在一个醒目的章节中，并将该章节的标题命名为"核心观点（点睛之语）"。

使用符号标识

　　符号在作品中也起着画龙点睛的作用。爱德华·塔夫特（Edward Tufte）在其《定量信息的视觉显示》（*The Visual Display of Quantitative Information*）一书中提及，查尔斯·约瑟夫·米纳德（Charles-Joseph Minard）绘制的著名绘图再现了拿破仑入侵俄国时的情形，如图2-1所示，该图现在已经成为塔夫特著作的一个标识。

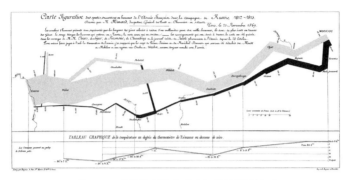

图 2-1　米纳德所绘拿破仑入侵俄国的情形

图片、绘图、地图、图表和图形都可作为符号标识。

突出重要观点

你可能都未曾想过，一场演讲可以涵盖很多很棒的观点，但是，大多数人只能记住其中几个，通常不会超过三个。

因此，在你演讲或写作时，你应该明确地突出一个、两个，或者三个显著的观点。我所说的"重要观点"是指醒目的观点，而不仅仅是指重要的观点。与其让受众记住你思想丰富，不如让他们记住你提出的某个特定观点。

那么，应该如何突出你的某个显著的观点呢？最好用几个词或几句话明确突出你的某些观点。

你可以使用点睛之语表达你想突出的观点，一般是将点睛之语包含在显著的突出表现中。下面，我将引用多位作者在论文写作中的做法，阐述如何突出重要的观点：

- 香农（Shannon，1948）：每个通信信道都有其容量上限值，如果以该速率或更低的速率传输信息，则存在一种信息编码可以实现无差错传输。

- 沃森和克里克（Watson and Crick，1953）：脱氧核糖核酸的两条链构成了双螺旋结构，其中腺嘌呤与胸腺嘧啶配对，胞嘧啶和鸟嘌呤配对。

- 克里泽夫斯基等人（Krizhevsky et al.，2012）：现代计算资源使得人类构建具有数千万个参数的深度神经网络成为可能。这足以使 20 世纪 70 年代人们对该技术萌生的好奇心在 40 年后成为改变世界的技术。

- 贝里克和乔姆斯基（Berwick and Chomsky，2016）：我们人类不同于其他物种，因为只有我们可以执行合并操作，这使我们能够构建复杂的、深层嵌套的描述。

- 温斯顿和霍尔姆斯（Winston and Holmes，2018）：罗伯特·贝里克和诺姆·乔姆斯基的合并操作之所以重要，是因为合并能够对关系和事件进行复杂的描述，而当我们使用这些描述来创作、讲述和理解故事时，我们的智力将提高到比灵长类表亲更高的水平。

制造意外惊喜

我们都喜欢惊喜。我们经常在茶余饭后闲聊各种令人惊喜的逸事。所以，如果你的大作中设有惊喜，一定要特别注明。下面，我将引述多位作者在论著写作中的做法，阐述如何表达惊喜：

- 温斯顿（Winston，1970）：本书的惊喜之处在于，程序可以通过区分不断优化的模型和险肇事件，来确定最终信息。
- 布鲁克斯（Brooks，1991）：本书的惊喜之处在于，昆虫级别的机器人无须内置世界模型，就能躲避障碍物、四处游走、探索指定区域，或者搜寻特定地点。
- 阮等人（Nguyen et al.，2014）：本书的惊喜之处在于，深度神经网络可以被看起来与识别类别完全不同的图像所欺骗。
- 温斯顿（Winston，2018）：本书的惊喜之处在于，故事处理程序可以讲述故事并推动故事情节发展，从而赋予程序一种自我意识。

讲述趣味故事

在本书中，值得强调的是，我们每个人都热衷于听故事。我们不仅会好奇一个创意是如何产生的，其结果怎样，还会好奇是谁的创意，他又是如何做到的。他为什么会开始研究这个问题？他和谁一起研究的？他们是如何沟通的？是在办公室的黑板前，还是在沙滩上漫步时？他们有为这项研究失眠过吗？被它困扰了多久？有没有顿悟的瞬间？他们有什么样的梦想？他们认为接下来应该做什么？

"如何演讲"讲座的故事

以我自身为例，我是如何写出这本书的呢？事情要从几十年前与人一次偶然间的谈话说起。当时我和一个名叫罗伯特·斯约伯格（Robert Sjoberg）的研究生在办公室，我向他抱怨自己刚听了一场糟糕透顶的演讲。

罗伯特说："在麻省理工学院独立活动期间，您不妨为大家做一个关于如何演讲的讲座。"

"不不不，"我说，"我认为自己的演讲水平还不到 B+ 等级。如果演讲我表现不好，还会为此难过一个月，而且演讲需要花上一周的时间来准备。再说，也不会有人来听。"

"我会来听的。"他说。

不知何故，我好像被罗伯特说服了，所以我开始总结思考：从我在麻省理工学院就读本科的时候开始，我从哪些不同专家那里学到了哪些关于演讲的必备要素。举例如下：

- 从戴维·彼得森（David Peterson）那里，我学到了句子之间要有停顿。

- 从 A. R. 格尼（A. R. Gurney）那里，我学到了使用道具可使演讲更富感染力。

- 从阿马尔·博斯（Amar Bose）那里，我学到了演讲时不能分心。

- 从瓦勒·瑙塔（Walle Nauta）那里，我学会了画一些图表以辅助演讲。

- 从马文·明斯基（Marvin Minsky）那里，我学到了演讲应富有激情。

- 从兰德尔·戴维斯（Randall Davis）那里，我学到了演讲开始前应对听众给出承诺。

- 从杰拉尔德·杰伊·萨斯曼（Gerald Jay Sussman）那里，我学到了标题的魅力。

- 从其他许多人那里，我学到了演讲时应该忌讳什么。

实际上，我关于"如何演讲"的首次公开讲座，吸引了大约100名听众，所以我从此将这类演讲延续了下来。现在，这个讲座已经成为麻省理工学院的一项传统，每年都有几百人参加。

图 2-2 一年一度的"如何演讲"讲座

肌腱撕裂的故事

大约 20 年前，我决定在麻省理工学院开设一门新课程——"人工智能"，该课程专注于阅读原创论文并围绕那些论文展开讨论。从图灵（Alan Turing）和明斯基的早期论文到尚未发表的论文，我们无所不谈。

我们不仅谈论有效沟通的原则（有些原则是从"如何演讲"的讲座中总结出来的），还谈论沟通技巧。话题包括演讲、写作、资助申请书、评论文章、商业评估，以及如何做决定、如何说服他人、如何下通知等。

由于我的学生不断给我鼓励，所以我后来才想到应把我们讨论的内容写成一本书，但我总是忙得不可开交。

　　然后，不幸的事情发生了：我在上楼梯时绊了一跤，当时我的股四头肌肌腱直接与膝盖骨脱离了。我把这事看作一起运动事故，因为它是在我长跑结束时发生的。

　　肌腱重新接上后，我就带着腿部支架，被困在医院的病床上几个星期。由于不能坐在电脑前编写程序，我感到无聊至极。

　　后来有一天，我突然想到，我可以在身体治疗指南的背面先拟定一份书稿的提纲。接下来，我在笔记本电脑上草草写下了几个片段，心想：如果文稿最后不能专门成书，我至少可以把它们用作"人工智能"课程的讲稿。当我身体康复能重新使用电脑的时候，所记录的内容已经有 150 页了。我开始想，或许材料已经足够写成一本书，最终，我的肌腱愈合了，而这 150 页的文稿得以成书出版竟成了不幸中的幸事。

使用温斯顿之星

　　在演讲或文稿中，同时使用一个精心设计、标识明确的点睛之语（Slogan）、符号标识（Symbol）、重要观点（Salient idea）、意外惊喜（Surprise）和趣味故事（Story），可以使受众对你和你的作品印象更加深刻。很巧，这 5 个要素的英文单词都是以 S 开头的，这使得它们更容易被人记住，至少对我来说是这样。这 5 点共同构成了被称之为"温斯顿之星"（Winston's star）的 5 个顶点，如图 2-3 所示：

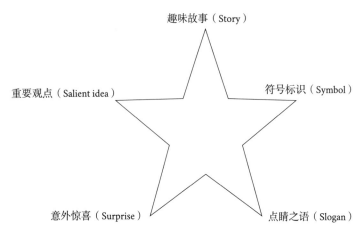

图 2-3　温斯顿之星

值得注意的是，本章内容显然包含了温斯顿之星的所有要素。"温斯顿之星"相当于是点睛之语。五角星的图像是符号标识。意外惊喜是：无须付诸太多努力，你就可以做到让受众对你的作品印象更加深刻。重要观点是：你所需要做的就是在五角星的 5 个顶点处注明所有要素。上文讲座的故事和肌腱撕裂的故事能够激起受众的兴趣，并引起他们的情感共鸣。

3　如何成功授课

在本章中，你将学习有关教学策略方面的重要内容。这些策略要点将帮助你成功授课或写好文稿。在"如何说服他人"一章中，你学习了如何在口头演讲或书面报告中说服他人的策略要点。显然，说服别人和开展教学两种沟通形式之间有很多共同之处。

做出赋能承诺

如果你从事教学活动，那么，在教学之前，你应该告诉学生，他们听完你讲课或读完你的作品之后，能从中学到什么或者受启发想做什么。下面，我将以本书和本章为例，说明应如何就任务目标做出赋能承诺：

> 本书旨在教会你演讲和写作的技巧。只要你在学习沟通技巧上投入时间，你的回报率将超过在其他方面的投入。
>
> 本章旨在教你掌握有关教学策略的重要内容。这些策略要点将帮助你成功发表演讲或写好文稿。

讲述趣味故事

人类热衷于讲故事。事实上，正是具备讲述故事、理解故事和撰写故事的能力，人类才与其他所有现存或已经灭绝的动物区分开来。因此，在人工智能的研究工作中，我将重心放在开发人类撰写故事、讲述故事和理解故事的能力上。

人文学家乔纳森·歌德夏也认为，人类因具备讲故事的能力而显得与众不同。在他的《讲故事的动物：故事造就人类》一书中，他指出，故事就像现实生活中的飞行模拟器。毫不吃惊，他书中的每一章开头都有一个故事。

歌德夏指出，当某个问题得不到确切解释时，我们倾向于编造一个解释，因为人类总是喜欢刨根问底。

故事比统计数据更具影响力。你想阻止青少年吸烟吗？那就别用统计数据来论事；相反，你可以讲述一个关于某人因吸烟而患上肺气肿的故事，最好附上插图。

故事无处不在

许多领域的教学活动都离不开案例分析。说到案例分析，你首先想到可能会是法律、商业和医学领域，但这些仅仅是以故事教学为特色的众多学科中的三个。

- 我们通过案例分析来讲授法律、商业和医学领域的知识
- 我们通过童话故事来告诉孩子们什么是危险、善良和邪恶
- 我们通过民间故事来传授文化
- 我们通过文学来阐述人类境况
- 我们通过传记和历史来揭示人类和社会发展趋势

你可能认为自然科学与工程学不会采用故事教学，但事实并非如此。我的同事杰拉尔德·杰伊·萨斯曼对电路设计了如指掌，这只是他众多才能之一。当他讲电路时，他把信号如何通过所有组件的原理当成一个故事解释，仿佛一幅电路图就是一个故事板。如图3-1所示，信号从左侧进入，经过电容器 Cin，然后传导至晶体管 Qla 的基极。

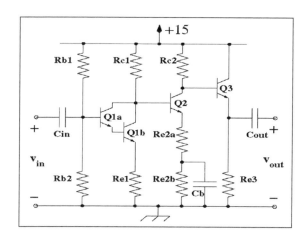

图 3-1　萨斯曼的电路图

故事教人为人处世

"谨记不能剽窃。无数故事证明，剽窃是一种愚蠢的行为，核查是否剽窃很方便。如果有人剽窃，等他哪天飞黄腾达了，很容易被查到。"在教授这一原则时，我会讲几个有关剽窃的故事来说明和强调这一点。

文档处理或汽车维修等技能又是如何体现以故事开展教学的呢？诸如此类的技巧实际上就是指按照一定的方法办事，而这属于复述故事的特例。

故事教人思考

你随便问哪位教师，他或她教给学生最重要的东西是什么，答案很可能是"如何思考"。但是，你怎样才能教会一个人思考呢？我的答案：通过讲述一些故事，启发人们未来做事以故事为鉴。1775年 3 月 23 日，在美国独立战争时期，著名的爱国者帕特里克·亨利

（Patrick Henry）在第二届弗吉尼亚大会上发表了"不自由，毋宁死"的著名演讲。其中，他就强调了上述观点：

> 我只有一盏明灯来指引我的脚步，而那盏灯就是经验。只有通晓过去，才能预知未来。

如果你从事教学活动，你不仅需要告诉学生该做什么，而且最好能通过一些故事告诉他们思想形成的过程，那么学生将受益匪浅。突出相关人物的性格特征，可以使故事更加生动活泼。这些人究竟是有远见、有毅力、有激情，还是只是运气使然？他们是天才吗？他们具有敏捷的思维吗？他们是在某个周六的午后灵机一动就解决了所有问题，还是经过多年奋斗才想出解决方案的？

履行承诺

你一旦对学生做出了承诺，就得忠实履行，而当你已履行承诺，你应该向学生明确说明，因为他们未必洞察明了。给学生上课时，你可以采用类似以下表述：

- 就这样，你已明白为什么满月看起来像个平面。
- 就这样，你已学会如何点石成金。
- 就这样，你已了解如何才能当选。

对于书面形式的教学，倘若你已经履行了预先做出的教学目标承诺，那么也应明确向学生明示。因此，在本书的每一章开头，我都会先做出教学目标承诺，而在每一章结尾（标题为"要点总结"的部分）明确说明我已经履行了前期承诺。同样，我将这本书的引言的标题定为"学习有效提升沟通之道"，后记的标题定为"学会有效提升沟通能力之道"。

4　如何拟定提纲

在本章中，你将学习如何拟定提纲，不论是发表口头演讲还是撰写文稿，第一步都是拟定提纲。你将重点学习与正式提纲相关的内容，以及关于拟定碎纹导图式提纲的方法，这种提纲更容易拟定，且效果更佳。

拟定标准格式提纲

为了将你想表达的内容条理化列出，你可以拟定一个标准格式提纲（formal outline），也称为哈佛格式提纲（Harvard outline），该提纲规定了一种固定的分级结构：

　　1. 一级标题 1
　　　1.1 二级标题 1
　　　　1.1.1 三级标题 1
　　　　1.1.2 三级标题 2
　　　1.2 二级标题 2

2. 一级标题 2

    2.1 二级标题 1

    2.2 二级标题 2

在写这本书之前，我也拟定了一个提纲，具体展示如下：

1. 如何……

    1.1 本书将教会你提升沟通能力之道

        1.1.1 如果你想说服他人或成功教学，请阅读此书

        1.1.2 如果你想学习演讲或写作的技巧，请阅读此书

        1.1.3 ……

    1.2 如何说服他人

    1.3 ……

2. ……

在讲授哈佛式提纲时，老师们经常严厉告诫学生：在各级标题序号所含阿拉伯数字后面都要加上圆点；不能只设一个二级标题，至少要设置两个；如果你还想设置三级标题，则使用相应级别的序号标序。

在个人计算机普及之前，拟定一个这样的提纲是非常痛苦的。因为当你还在使用打字机时，如果你觉得有必要插入什么内容，你就得从头开始。

拟定碎纹导图式提纲

墨守成规容易扼杀创造力。如果你打算拟定一个哈佛格式的论文提纲，可能会花时间去思考各级标题的标序、符号的使用、首字母大小写等格式问题。但是，如果你躺在沙滩上休憩，或者在咖啡馆里喝着咖啡，身旁没有笔记本电脑，此时，你灵感乍现，想要将构思好的提纲写下来，那该怎么办呢？

此时，你就可以拟定"碎纹导图式提纲"（broken-glass outline），这种提纲十分形象，类似于思维导图，看起来有点像一块带碎纹的玻璃。首先在纸张中心写下你的主标题，然后画出多条分支，用来写二级标题。在已有分支的基础上，再画出一些小分支，用来写三级标题。

以下是我初次尝试拟定的关于"如何成功授课"这一章的提纲。

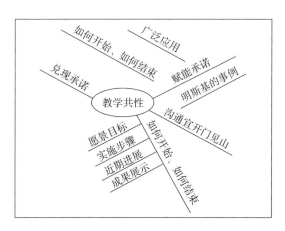

图4-1 "如何成功授课"碎纹导图式提纲

写完后，我将它放到一旁。第二天起来后，我发现有些地方不太满意，又对它进行了修改，如图4-2所示。

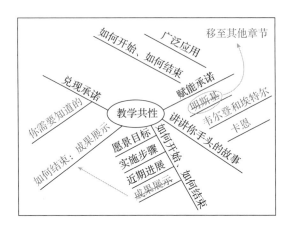

图 4-2 "如何成功授课"碎纹导图式提纲（修改版）

注意删除部分和评注部分。对不满意的地方，我立刻进行了删除和调整。在评注部分，我对需要改动的地方做了特定标记。我用箭头来标记需要移动位置的要点内容。在这一版提纲中，由于我没有为各级标题标序，所以可随意调整各级标题而不受影响。

确定主要分支条目

从"如何说服他人"一章的讨论中，你了解到：可以先提出 4 个有关说服他人的主要条目，以此作为演讲的开始；如果你使用幻灯片，可以将 4 个分支条目分别做在 4 张幻灯片上，如图 4-3 所示。如果你准备的是一个 20 分钟的演讲，做好了这 4 张幻灯片就相当于完成了 40% 的幻灯片。

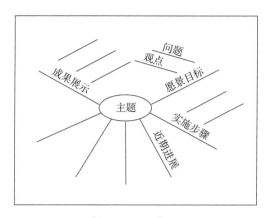

图4-3　"如何说服他人"的4个分支

类似地，从"如何成功授课"一章的讨论中，你了解到：不论是班级授课，还是撰写文稿，都应遵循这一套标准——先就任务目标做出赋能承诺，再讲述故事，最后说明自己已经履行了承诺，如图4-4所示。

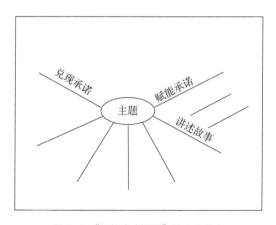

图4-4　"如何成功授课"的3个分支

添加详细信息

整体结构确定后，就可以开始添加详细信息了。对于一个说服性文稿中的愿景目标，需要提出问题及其相应的解决方案。关于实施步骤，你可以借鉴一下以往的经验。对于近期进展，你可以挑选一些令人印象深刻的近期成果进行陈述。关于成果展示，你必须清楚地表达你所做的贡献，并学会使用一些主动动词（active verbs），如："假定""确立""表明"。

然后，你可以增设一些更小的分支，其中有些小分支可能还会呼应你"实施步骤"的分支。你可以按照深度优先原则，在同一个分支下设置多个小分支。你也可以按照广度优先原则，在现有的分支周围添加新的同级分支。你可以划掉、注释、重新排序、拆分或者重组，甚至，你可以删除或重新拟定提纲。

如果整体结构不平衡，你可以很直观地察觉出来，并做出相应调整，最终使每个部分都处于平衡状态。

如果你希望提纲更加美化，你可以用彩笔进行批注。如果你想和另一个人或小组合作，你可以在写字板上拟定提纲。这种提纲很灵活，而且行之有效，是一个切实可行的解决方案。

或许以后它可被称为麻省理工格式提纲（MIT outline）。

绘图激发思维

在绘图时，我们的视觉思维能力会被激发出来，你可以清楚地看到你的想法是如何汇聚在一起并相互交融的。在运用视觉思维的过程中，你会探索出一些之前并未发觉的新观点。其中某个新观点可能会取代你之前认为的主要观点。

　　我们可以沿着碎纹导图式提纲的分支进行思维发散，这样有助于回忆起观点的成型过程，就如同将素描变成一幅画的过程。

　　一旦你的碎纹导图式提纲做好了，那么你也可以做一个哈佛式提纲。

碎纹导图式提纲启发学习

　　我们已经知道碎纹导图式提纲有助于说服他人或成功授课，绘制提纲也有助于你理解听到或读到的内容，并记住要点。碎纹导图式提纲的主要分支条目一目了然，如图 4-5 所示，精准罗列了罗伯特·别维克（Robert Berwick）在课堂问答环节中的要点。

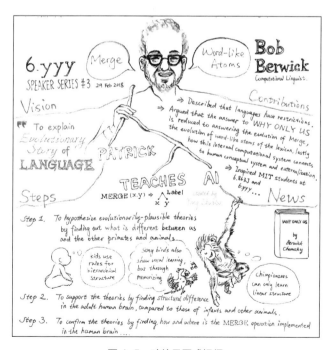

图 4-5　碎纹导图式提纲

在排列和填充主要框架的同时，你也给自己描绘了一个故事，这个过程会强化你的学习和记忆。

碎纹导图式提纲激发创造力

碎纹导图式提纲不仅能为你整理想法和笔记，还能帮你探索创新。和聚类分析、思维导图、概念绘制一样，碎纹导图式提纲也是一种可视化分析的方法，它们都能激发创造性思维。

5　如何提出批评

在本章中，你会学到如何挑选评审者，并指导他们如何给出更好的评审意见。此外，你也会学习如何提出有价值的批评意见。

悉心请教评审意见

有些演讲者更愿意在演讲当天给朋友、同事和评委一个惊喜；有一些作家从不请人评审。如果让他们换个角色，这些演讲者和作者难道会在没有指导老师的情况下学习音乐演奏，或者在没有教练指导的情况下参加体育比赛？

想要更好地说服或指导他人，你需要接受别人对你的演讲或写作给予批评。即使是老师和教练自己也还需要更高层次的人给予指导。

然而，最好不要向了解你工作的朋友寻求批评意见。这是因为，他们可能会想当然，认为你的演讲和论文的文稿内容已经很全面，而不能帮你检查实际上遗漏的内容。

还有，你邀请朋友审阅文稿，要依次逐一听取意见。否则，每个人都会指出一些明显的错误，而疏漏了一些细微问题。因此，你得先把明显的问题改正过来，再去找下一个朋友评议。

征询意见要防止善意的谎言

有时，我们的演讲有缺陷，但是我们的朋友，尤其是亲密朋友和亲人，往往由于不想伤害友情或亲情的缘故，而对我们说善意的谎言。

解决这个问题有一个办法，那就是恳请你的朋友，如果他们不想让你在关键时刻出问题，他们就需要毫不客气地及时指出你的错误。

唉！要求朋友对你绝对的坦诚也许并不是件好事。倘若他们真的这样做，也可能会因为一些你无法解决的问题而苛责你，到头来你落得心灰意冷，甚至想放弃友情或亲情。幸好，还有更好的办法。

力求获得最大回报

曾几何时，"日本制造"意味着"垃圾产品"。而在"二战"刚结束时，道格拉斯·麦克阿瑟（Douglas McArthur）将军就把 W. 爱德华·戴明（W.Edwards Deming）带去日本重振日本经济。结果，戴明帮助日本从垃圾制造国转变为令世界羡慕的工业强国。自那以后，日本科学家和工程师联合会每年都会颁发戴明奖以纪念他。

戴明的著作《走出危机》（*Out of the Crisis*）里的管理智慧后来

被称为全面质量管理（TQM）原理。例如，戴明强调，年度评估不应该是为了评级，而应该是为了确定哪些领域完成得好，哪些领域还有最大提升空间。戴明认为，人们需要指导，而不是评分。

对人际沟通表现的评审反馈也是如此。你可能想让你的朋友对你各方面的表现进行评级，如图 5-1 所示。不要使用这样的评级表，如果有人将其提供给你，请拒绝使用。

```
┌─────────────────────────────┐
│           评级表            │
│                             │
│   A  B  C  D   内容深度      │
│   A  B  C  D   表达力度      │
│   A  B  C  D   权威程度      │
│   A  B  C  D   积极程度      │
│   A  B  C  D   热情程度      │
│   A  B  C  D   放松程度      │
│   …………                      │
└─────────────────────────────┘
```

图 5-1　演讲评级表

然而，简单的评级并不会告诉你提高自己的方法。而且，你可能会花很多精力去提高自己得分为 D 的部分，而你真正应该做的是，把得分为 B 的重要方面提高至 A 的水平。

因此，当你请朋友评价你的发言或文稿质量的时候，与其让他们填写评级表，不如让他们帮助你完善你的演讲或书面表达。一定不要用评分表！直接发问："我依现有能力如何能做到最好？"

向别人寻最大限度提升自己的意见，并不是让他们全盘否定你。每个演讲者包括最优秀的演讲者在内，都应该向朋友提出上面的问题。这对朋友来说很容易，因为他们只需要给你提出改善建议，而不是给你评级。

基于如上解释，请朋友提出最大化改善建议，不仅需要他们指出你有待提升之处，还得指出你具体需要做些什么。具体来说，重要的不是你在热情方面得到了怎样的评级，而是在于你如何才能表现得更加热情，也许可以在你的演讲中加入一些表达情绪的短语，比如"……我认为，这真的非常非常令人兴奋……"，当然，你的语气得充满激情。

你还可以给你的朋友对关注重点给予提示，例如：

- 注意口头填充词的使用
- 注意使用升调的情形
- 注意我是否对自己的工作保持兴奋并充满热情

没有这些提示，你的朋友可能会把注意力放错地方，而忽视你演讲或文稿中对你更为重要的部分。

你也可以在结束后给朋友来一个快问快答，看看你是否达到了预定的效果。例如：

- 我的愿景目标是什么？
- 我刚才完成了哪些步骤？
- 我最重要的成果是什么？

有可行性、原则性和积极性的建议

当你给别人提出建议时，要记住：你并非要证明你比对方更聪明，也不是要证明你的知识水平比他更高。你的目的是帮助朋友或同事以其现有的能力，最大限度地提高演讲能力或写作水平。

总结起来，你的建议需要注意如下三点：

- 建议应具有可行性：你要指明如何做才能有所提升，而不是仅仅陈述哪里需要提升。
- 建议应具有原则性：你不仅要建议做什么，还要指出为什么要这么做。
- 建议应有积极性：在你给出建议后，对方应该感到斗志满满，而不是感到灰心气馁。

如果你说"你最后一张 PPT 太糟糕了！"，这种意见不具有建设性和原则性，也没有积极意义，你不如说：

> 你并不需要费很大功夫，就能讲得更好（积极性）！你只需要在最后一张 PPT 上展示你的成果即可（可行性）。这张 PPT 比其他片子播放的时间长，因此会让听众对你的丰硕成果留下更为深刻的印象（原则性）！

批评他人需适时

在被问及什么时候提出批评意见最好的时候，许多人会不假思索地说：演讲结束后。

就演讲的内容而言，在演讲结束后立即给予指正，不仅可以提供指导，甚至还能起到激励作用。但是如果要对内容的呈现方式提出建议，我更倾向于另一种时机：在演讲者开始准备下一次报告时提出。

　　演讲一结束就对演讲内容的呈现方式进行批评，可能会对演讲者的自尊心造成伤害。演讲者自己觉得演讲十分满意，甚至精彩绝伦，这时你来一通批评，马上就给他泼了一盆冷水。如果你在演讲者准备下一次演讲时提出批评，你的意见或许是天降福音：演讲者在得知了自己的问题后可以立马改进，可能会因此做得更好。

忌向评委展示半成品

　　不同文化都有类似的说法："永远不要向傻瓜展示半成品。"当你向评审者展示半成品时，无疑是对他们的一种嘲弄！他们只能对你作品的一些低级错误无谓地大谈特谈。这些低级错误分散了评审者的注意力，他们就难以向你提供更高层次的、具有反思作用的指导。

坦然面对苛刻批评

　　有些学者为期刊或出版社从事匿名评审工作时，会把评审任务交给他们的研究生来完成。而研究生们急于显示他们的聪明才智，不管你的作品多么尽善尽美，他们都会将其批判得体无完肤。因此，当你收到苛刻评语时要脸皮厚点，坦然处之；当然，当你评审他人的作品时，要给出建设性意见。

6　如何遵守道德规范

在本章中，你将学习如何遵守道德规范，以及在交流时，如何避免将说服受众变成操纵受众。

践行道德规范

你的行为应符合道德规范和正确的价值观，光有价值观和道德规范还不够，还得以实际行动恪守道德规范。

现实的考虑是，作为一个成年人，如果你的言行有违伦理道德，你的职业生涯就毁了。到时候，无论你演讲技艺如何高超，都将无济于事，因为你的受众已经不信任你了。

如果违反道德规范，你可能在不经意之间就葬送了自己的事业。你的同事和上司可能不会当面直说，他们会在背后议论你。你没有意识到你已经失去了上司的信任，甚至还在纳闷：为什么其他能力比你差的人都晋升了。

切忌剽窃

我所教的课程里，有一门是以讨论为主的，这门课仅限 30 名学生参加。在开课第一周内，我告诉他们，如果有学生抄袭别人的作业，被我抓到算他运气。

是的，作弊的人被我抓住是他走运！我会给他评定不及格，对他厉声训诫，然后在本科学院院长那儿将一封密封的信件存档。如果作弊的人以后不再犯事，这封信也就不会被打开。

为什么说作弊的人被抓住是运气好呢？原因很简单，一部分人会认识到作弊确实很容易被抓住，然后改掉这一坏毛病，而不会成为终身积弊。

养成作弊的坏毛病会招致什么后果？如果你以后功成名就了，那些不喜欢你或不同意你观点的人，就会竭尽所能利用现代网络的力量来检索你的言论。

如果你的论文、著作或演讲稿中有剽窃之处，他们就会公布你剽窃的部分及文献来源。

即使表达的内容是受别人的作品启发，标注出处并不损失什么，何乐而不为？

切忌欺骗、撒谎虚夸

我指导的一名本科生极度厌学，他的家庭没有什么困难，他也没有什么健康问题，但不知为何，就是不去上课。任课老师告诉我后，我给他发了信息并与他会面，他向我承诺努力改正。我为他提供各种帮助，希望结果能尽如人意。可悲的是，学期结束时，我发现他所选的四门课程中，只有一门通过，其余三门都不及格或者中途退课。

该学生告诉我，他起初老老实实上了几周课，然后老毛病又犯了。我想搞清楚这究竟是为什么，便去找任课老师了解情况，方得知：他几乎不做作业，也基本不参加考试，最糟糕的是，学期各门课最多上过三次课，有的甚至全部缺勤。

他当时和我说自己已经老老实实地上了几周的课，这也不算弥天大谎，无伤大雅。但问题是，我不清楚他是否只是习惯撒小谎，我不知道他在重大问题上是否有所欺瞒。

很多人容易养成撒小谎的习惯。这种习惯有时候来自原生家庭，可能你说错了话你父母就会暴怒。有时候也来自成长环境，为了不惹麻烦，你不得不撒谎。

当撒谎成为一种习惯时，你就很难记住你对谁撒了什么谎，这就增加了谎言被识破的可能性。请记住马克·吐温的一句格言："如果你说的是实话，你就不必刻意记住任何事情。"

另外，请记住：如果你欺骗他人、撒谎，哪怕只是夸大其词，一旦你被拆穿，你将信誉全无。如果你已经成年，你可能会永远失去你的信誉。

切忌伪造数据

对于要做的事，你可以出错，但你绝不能对既成事实凭空捏造。一旦捏造，一定会被识破。如果你在大学里工作，校方宽容的话你可以主动辞职；如果校方没那么宽容，你就会被解雇。无论哪种方式，你的故事都会在网上广为流传，最终，没有学术机构会再聘用你。

致谢贡献者

有时，我们发现有人在自己的演讲或文章中，对他人的帮助和贡献只字不提。

这不仅不道德，还会把朋友变成敌人。在你写作时，一定要写明确谁帮助了你，谁启发了你，谁的工作与你所做的有交集，谁与你合作过。在你演讲时，一定要讲清楚你的合作伙伴都有哪些，并说明每个人具体都为你做了哪些事情。

此外，如果有合作者，你还应该指明合作的性质。如下例，也许你们是一个合作项目，分成几个独立的子项目：

　　我承担了这个合作项目的部分工作。我构建并运用 M 模型。我与构建其他模型的人密切合作。具体来说，W 构建并运用了 X 模型，Y 运用了 Z 模型。

也有相反的情况，你和你的合作伙伴或许都不记得谁贡献了什么：

　　我和 X 紧密合作。无数个夜晚，我们一起在黑板上多次进行头脑风暴。我们一致认为，无法分清楚我们分别做了哪些工作。

然而，通常情况下，你还是会记得谁做了什么贡献。见下例：

　　我用几张 PPT 明确指出：我的合作者们以不同的方式，为我的最终成功做出了各自的贡献。

客观陈述反方立场

　　出现争议时，你应该公正地描述反方立场。你要列举出与你和反方立场相比，各有什么利弊，最终让受众决定你的论点是否有说服力。

倾听受众的声音

　　如果你准备举行一场演讲，你有义务去了解你的听众前期已经了解了什么，以及他们希望或需要了解什么，否则你就是浪费他们的时间。

这正如：如果你做销售，你有义务去了解潜在客户的需求。否则你就是浪费他们的时间。

因此，你需要对受众发问，倾听他们的回答。这看起来似乎很容易做到，但实践起来很难，因为当你对受众提问时，你可能无法集中精力去聆听他们的回复。

集中注意力有一个经典技巧，那就是复述你所听到的内容。例如：

就我的理解，你想让我重点讲讲关于 x 的话题，是吧？好的，我尽量不讲得那么专业。

嗯，我知道这个问题很棘手，好在我可以帮你搞定。

关注实例的道德性

在这本书的许多地方，我列举的例子所涉及的人物，并非人人尽善尽美。曾有位评论家问我："你就不能不举那些有道德缺陷的人为例吗？"思索未果，我便向我的研究生提出了这个问题，讨论的结果包含以下各种观点：

- 欣赏一个人的作品，即欣赏其作者。所以应该删除负面的例子。
- 如果你列举不出其他更好的例子，请听从读者的评判。
- 如果删除负面的例子，你的作品的价值将一落千丈。
- 可以保留负面的例子，但要指出其性格方面的缺陷，并明确你对此并不苟同。
- 如果你要批判某人，你自身必须毫无罪过。

- 保留负面的例子，但是将有关讨论作为道德规范问题记录于案。同时表明，有时想找到一个完美答案并非易事。

在当日的讨论中，大家对最后一个观点的认可度是最高的。

保护自己免受欺骗

如果某个演讲者旨在宣扬错误或不道德的想法，那么，他很可能就会不择手段，甚至运用一些不道德的说辞来给别人洗脑。那样的话，他就不会通过讲述真实故事来说服你，取而代之的是不怀好意的大肆宣传。

谨防故弄玄虚

一次，我站在一个同事旁边，听一个申请初级教员职位的人发言。在快结束时，我问同事："你觉得他讲得怎么样？"他回答说："不是很深奥啊，我都能听懂。"

我想，如果你都不理解对方想要表达什么，你自然会认为他的发言很深奥。据我所知，有些导师建议在演讲中加入一些高深莫测的表达。我认为这种行为很不道德，倘若有人这么对我，我会觉得又好笑又好气。

谨防人身攻击

操控者谴责的是个人，而不仅仅是个人观点。如果有人说他人是"弱者"或"失败者"，你就知道他是一个操纵者。如果他以这种方式回应他人最轻微的批评，这就是霸凌。

谨防滥用权威

　　操控别人思想的人经常用"大家都知道"来佐证并非广为认可的观点。有时，操控者会引用名人的话或引用宗教文献来佐证自己的观点。

　　本杰明·富兰克林（Benjamin Franklin）可谓不滥用权威的一个绝佳范例。大概出于灵光乍现，他在自己的著作中对《圣经·创世记》（Genesis）中的思想做出了个人独到的诠释，并经常与他信任的朋友一同分享。宗教宽容作为他思想的精华，或许可以用来注解他毕生取得的丰功伟绩。

谨防重复的话

　　操控者往往会抓住每一个机会重复他们希望人们相信的事情。像经常重复"我坚决否认"这样的话往往说明他们有问题。说"我是无辜的"这句话通常表明：不论他是什么身份，他现在的处境很危险。

　　最喜欢使用重复用语的人可能要数著名罗马政治家老加图（Cato the Elder）了，据说他每次演讲都以"Carthago delenda est"来结尾，意思是"必须毁灭迦太基"。即使有时候，他演讲的主题是提倡修建水渠，他也是以"Carthago delenda est"来结尾。公元前146年，罗马彻底摧毁了迦太基，老加图终于如愿以偿了！

谨防被表象欺骗

　　我们通常是通过眼睛或言语来判断真伪，但是我们很容易被无意为之的优雅表象，或有意为之的虚假表象，而蒙蔽双眼。

第二部分

演讲之道

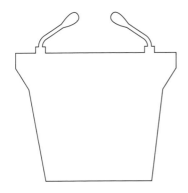

7 如何选择适当的时间和地点

本章将介绍何时何地进行演讲和授课效果最佳，以及如何选择布局和选择多大面积的场地。

最佳时间：上午 11 点或下午 3 点

很可能你没办法选择演讲时间，但是如果可以选择的话，上午 11 点是开始演讲的好时机。在麻省理工学院，所有的师生那时都已起床。我们似乎都习惯工作到深夜，所以不习惯在上午 10 点前演讲。

我也不喜欢午饭后马上演讲，午饭后总是昏昏欲睡。下午 3 点是个好时机。再晚一些就不太好了，白天快要结束，人们都期盼着回家开始夜晚的生活。

餐后演讲宜用故事助兴

晚餐后让我演讲需要很大的动力，因为下午 6 点后，人们更期待听到一些令人愉快的趣事而不是枯燥的讲课。

你此时演讲需要讲些有趣的故事，最好带点幽默，才能取得好的效果。要有多幽默呢？有一次，我向一位学识渊博的朋友请教他餐后演讲的秘诀。他在餐后演讲方面的经验十分丰富，告诉我："大约每7分钟讲一个笑话。"

演讲要简短，不要超过30分钟。喝咖啡时间到了，许多人就会开始焦躁不安，想着回家。

场地的布局

在麻省理工学院，我们有一些好的报告厅，也有一些不太好。被称为宇宙中心的亨廷顿大厅（Huntington Hall）10-250室，是我最喜欢的演讲场地，如图7-1所示。

图7-1　麻省理工学院亨廷顿大厅10-250室

大厅很宽敞，场内座位以演讲者为中心呈弧形展开。对演讲者和听众来说，这样好像大家都围绕着演讲者。演讲开始前，演讲者可以轻松地与前排的听众互动。

入口在前面，出口在侧面，恰好避开了演讲者的视线范围。因此，人们进出大厅就不至于分散听众的注意力。

场地的照明

我们可以从图 7-1 看到，亨廷顿大厅非常亮堂。只有在极度疲惫的情况下，才会在这样亮堂的大厅里睡着。

场地的环境

可以看出，图 7-1 中的大厅与图 7-2 中的大厅形成了鲜明的对比，在图 7-2 中，昏暗的光线使人昏昏欲睡。这间报告厅又长又窄，使得演讲者和听众之间有一种分离的感觉。入口在后面，所以人们可以自由进出，而不至于引人注目。但也正因为入口在后面，人们倾向于坐在后排，从而远离演讲者，不参与互动。前面有一个大屏幕，但没有黑板。因此，这里更适合看电影，而不是演讲或讲课的最佳场地。

图 7-2　不适合演讲或讲课的大厅

如果你发现自己在这样的地方演讲有困难，可以尝试对早到的人表示欢迎，并鼓励他们坐到前面来。后到者看到坐在前排的人时，他们往往也会坐到前面一些。

场地的容量

当然，你可能没有选择的机会。但如果可以选择，选择一个能坐满一半观众席的地方。如果观众席连一半都没坐满，那么大家就会认为那些聪明人不来听讲座，都干其他事去了。

图 7-3 是我第一天上"人工智能"课程的场地。图 7-4，来参加一年一度的"如何演讲"讲座的人挤满整个报告厅。于是，第二年我们就搬到了亨廷顿大厅 10-250 室。

图 7-3　亨廷顿大厅 10-250 室

最合适的演讲场地应该是所有的座位都坐满了人，一些人不得不站在一旁或坐在地板上倾听。

图 7-4 "如何演讲"讲座

如果你的听众很少，大约只有 10 个人，你就可以选择坐在会议桌旁进行演讲。如果你正在放映幻灯片，请务必坐在或站在屏幕边上，这样观众就可以同时看到你和屏幕，而不会像观看网球比赛一样来回转动他们的眼球。

如果你要在礼堂的舞台上演讲，一定要在观众入场之前先感受一下在台上演讲的感觉。练习你的开场白和结束语，还有时间的话，也可以练习一下剩下的部分或全部演讲内容。之后可以四处走走，放松一下。不做这些准备的话，你很可能会在舞台上怯场。

8 如何准备演讲场地

在本章中，你将学到演讲当天你如何做好准备，以避免出现不必要的麻烦。比如，你将学习如何展示更好的灯光效果，如何调整好自己的状态，以及如何暖场破冰。

熟悉演讲场地

每当我去一个地方进行演讲，我向主办方了解的第一件事就是我将在哪里演讲。因为我想提前感受一下在那里演讲会是什么感觉。如果有意外情况，我想在我正式开始演讲之前就熟悉一遍。

选择站位

一般来说，你应该避开固定的讲台，多走动走动，并在讲话的时候保持镇定。如果有人正在对你的演讲进行录像，技术人员坚持让你保持不动，那就得确保你站立或坐着的位置靠近摄像设备。

想象观众

在我将要演讲的地方，我会假想出一些观众并对他们展示我的开场白。有时我会把观众想象成丝毫不感兴趣的、吵吵闹闹的一群动物。这样一来，无论真实观众究竟是怎样的，我知道至少他们不会有我预想的那么糟糕。

备好水杯

我也不知道为什么，有时候我一说话就口干舌燥。为了避免口腔干燥，我总是会在身边放杯水。我习惯喝水而不是其他饮品，这是因为如果我不小心把它洒在身上时，它干了不会留下污渍。如果你觉得在演讲中途喝水会很尴尬，那就在模拟演讲时多多练习在台上喝水。

做好多媒体故障预案

这个太可怕了。有一次，我正打算放映幻灯片，但不知为何，我的笔记本电脑和他们的多媒体系统互不兼容。然后，又不知何故，我的幻灯片自己播放了起来，且无法关闭。几次重启后，多媒体技术人员问："要不要再试一次？"我回答说："不了，这辈子都不想再试了。"后面我便只是简略地讲了一下我的演讲内容。

每当类似的事情发生时，我都会将之列入我的事故清单，以便在下次发生同样事故时有所准备。以下是一些例子：

- 没有无线麦克风——提前准备一个无线麦克风，谁会愿意演讲时一直困在讲台后呢？
- 没有适配器可将你的笔记本电脑连接到场地的多媒体系统——自带可用的适配器。
- 你的笔记本电脑死机了——用 U 盘备用一份演讲内容。
- 你导入的视频无法播放——做好口头阐述的心理准备。
- 遥控器坏了——让多媒体技术人员播放你的幻灯片。不要说"请播放下一张"，最好是对播放人员做一个细微的手势表示"请播放下一张"。
- 多媒体设备完全瘫痪——带上幻灯片打印文稿，以此为纲来进行即兴演讲。

打开全部灯光

在最后的准备阶段，我会确认谁负责灯光。可容纳很多听众的报告厅，一般都有专门的技术人员。"把灯光全部打开。"我对他说。

"哦，但是如果我们把灯光调暗，幻灯片看起会更清楚。"

"也许吧，但是听众在睡着的时候也没办法看幻灯片呀。"我回答道。

我的很多演讲都是面向大学里的听众的，这意味着来听讲座的人大都繁忙，上课之后再来听我的演讲本来就容易感到疲倦。尤其是餐后演讲，如果调暗灯光，这无疑是向人体发出睡觉的信号，而明亮的灯光预示着日出，该醒醒了。

当然，这意味着你应该确保你制作的幻灯片在光线充足的房间里视觉效果要好。因此要避开浅淡的颜色，尽量在白色或浅色背景上使用黑色字体，如图 8-1 所示。淡淡的颜色像是褪色了一样。如果使用这种颜色，就不得不调暗灯光才能看清楚。这样一来，大家都会昏昏欲睡。因此，请使用黑色字体。

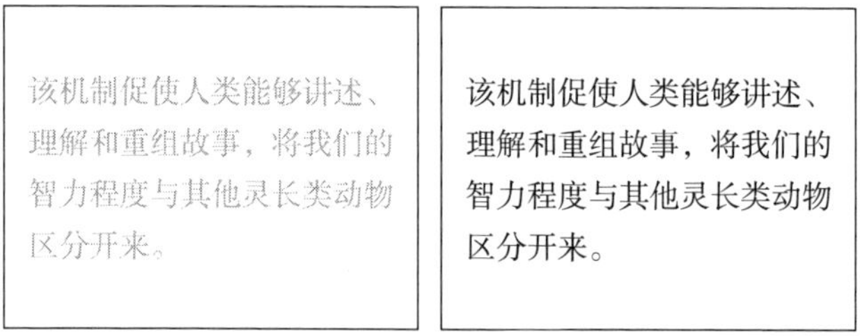

图 8-1　不同颜色文字的幻灯片效果

同理，不要在黑色或深色背景上使用白色字体，如图 8-2 所示。黑色或其他深色背景的幻灯片也需要调暗灯光才能看清楚。这样一来，大家都会昏昏欲睡。因此，请使用白色或浅色背景。

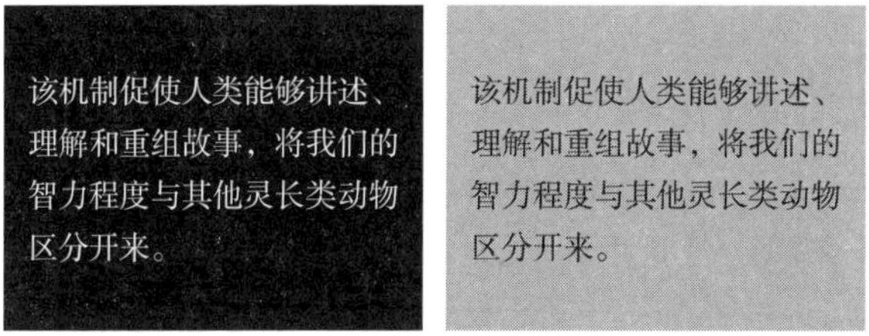

图 8-2 不同颜色背景的幻灯片效果

做好充分准备

每当去观看体育赛事时，我都会被运动员们热身时所做的伸展动作所震撼。他们深知，为了表现出最佳水平，必须得做好充足准备。同理，当你将要演讲时，也不能打无准备之仗。

保持适度紧张

紧张是任何应激反应的自然结果。适度紧张会让你充满激情与热情，帮助你取得胜利。即使有点紧张，也不必担心，你恰好需要适度紧张。只需要准备和练习本章提到的演讲前的准备工作——那些准备工作会让你的肾上腺素保持在适度水平。

出去走走

在演讲之前，如果你过于紧张，就到周围走一走。散步会让你心情平静，此外，深呼吸也能达到同样的效果。

兴奋起来

如果我之前已经做过很多次演讲，我可能不会太紧张；我反而会担心自己不紧张而导致演讲缺乏激情。

如果情况允许，比如在一个大报告厅里，我会打开音响播放一首歌，通常是滚石乐队或威廉姆·亚当斯以及黑眼豆豆的歌曲。音乐能让我兴奋起来，学生也因此变得活跃了。

如果音响系统里播放的东西没有通过试音测试，那么我会戴上不显眼的耳塞。

为了不被人发现，我只让它在脑海中回响。贝多芬《第九交响曲》的第四乐章《欢乐颂》就很适合我。

热身活动

你必须发音清晰。如果你几乎闭着嘴说话，或者声带都没打开，再多的扩音器也无济于事。

运动员会在比赛前进行热身让肌肉放松，演员和音乐家会在表演开始前练声让嗓子放松。你也应该在演讲前热身。

你可以尝试音乐家练声所用的各种短语和绕口令，比如下面这些例子：

四是四，十是十。莫把四十说成十四，别把十四说成四十。

红凤凰、粉凤凰，红粉凤凰花凤凰。

就我个人而言，我更喜欢到外面大声号叫。我会先试着确定周围没人，但偶尔附近也会有人，如果他们没有察觉到我在热身，就会觉得我很奇怪。如果你担心被人误会，可以尝试其他方法，比如咳嗽或者假装清嗓子，而不是大声号叫。

牢记开场白

如果演讲以精美上口的语言开场，你会觉得，开头很精彩，整个过程也会很顺畅。

熟悉听众

如果你发现听众对你的演讲内容表示赞同，你会表现更佳。反之，你会表现不佳。因此，你得确保在一开始观众就保有积极的态度。

和提前到场的听众闲聊

我会提前到达演讲地点，这样我就能和那些提前到场的观众闲聊："你好，我是帕特里克·温斯顿。"这通常能打开我们之间的话匣子。然后，我一般会问："你有什么特别想听我说的吗？"

等你多接触几人后，有些观众就成了你的朋友。这样你会放松很多，他们也会抱有积极的态度，而且他们积极的态度可以感染其他观众。

有一次，我问我的同事杰拉德尔·杰伊·萨斯曼，为什么有的年级适合大班教学，而有的年级则不适合。"真奇怪，"我说，"你可能会想，有 300 至 400 名学生，可能是平均法则让每个年级的学生看起来都差不多，但事实并非如此。"

"这是对称性破缺。"他说这让他想起了一个晦涩难懂的物理学概念。还好，可以借助旋转的硬币做一个简单的类比，进一步阐述这个概念。硬币在稳定时是平躺着的，其正面或反面朝上。但当硬币旋转时，两面是对称的，你无法知道硬币落下时会处于哪种状态。

萨斯曼补充说："学生们自己没有意识到，但他们都想和其他人一样。所以在上课的第一天，他们都在感受整体的情绪氛围。开始上课几分钟后，对称性破缺自发产生，班级就会陷入一种固定的状态。"

我问："那么，作为老师，如果你在第一天的头几分钟表现不好，那么班级就会陷入对称性破缺后的状态，之后再做什么都无济于事了？""是的。"他回答。

认识到"最初几分钟"的重要性后，萨斯曼让助教在他第一次讲课时坐在前面，并要求各个助教频频点头，对所有的笑话开怀大笑。

图 8-3　每学期的第一堂课，萨斯曼总让能活跃气氛的助教坐在前排

你不大可能带上随行人员来配合你扮演助教的角色，但是在演讲开始前和你成为朋友的观众，一定会支持你，该点头时点头，该

笑时就笑。

与听众建立眼神交流

在正式开始演讲前，你最好和你新认识的观众朋友建立眼神交流。每次一两秒钟就够了，这会让他们觉得很温暖。在演讲的过程中，主要与那些看起来热情的人，而不是那些看起来愤怒、挑剔或无聊的人，建立眼神交流。

9 如何开场

在本章中，你将学习劝说性演讲的开始技巧，尤其是借助幻灯片进行的演讲，这在求职面试中很常见。忙碌的人可能会通过一些细微的差别关注到你，这将决定是你，还是其他想法较少但沟通技巧较好的人求职成功。

表达愉悦心情

因为人类是群居动物，即使可以从网上或其他准备好的文件中获得所需信息，我们还是会采用口头的沟通方式。我们乐于参与其中，乐于了解他人的想法，然后与其交流自己的想法。

观众认为演讲者很高兴来到这里演讲，如果演讲者愿意同观众交流，如果演讲者为观众准备了一些他们特别想听的东西，观众都会特别开心。

史蒂夫·乔布斯（Steve Jobs）在 2007 年苹果世界大会的主题演

讲中介绍苹果手机时，他的第一句话是："两年半来，我一直期待这一天的到来。"很显然，他很高兴来到这里。

也许你介绍的不是什么大项目，但肯定有一些实在的理由支撑你很高兴来到这里。

有人会说"我很荣幸来到这里"，但我并不推荐这么说。你很荣幸来到这里会显得有些老套。如果这不是一个很大的荣誉，大家会觉得你从一开始就在说谎。

不知怎的，当有人说他们很荣幸来到某个地方时，我会想起我去过的一场摇滚演唱会，那位明星说："你好，波士顿！"或者类似的话。这让人感觉不是很真诚。我可以想象出这位明星在台下问舞台总监："我们今晚又是在哪里演出？"

相反，你可以表达自己很渴望谈论观众感兴趣、你又热爱的事情。

或者你可以说，对该做哪些事情你来谈谈你的想法你感到很荣幸。或者你可以说，回到你的家乡，回忆起所有美好的记忆是多么美好。

只要你稍微努力回想一下自己当时很高兴的原因，你总会想起一些理由。如果你实在想不出什么理由，那你还是闭嘴吧，别演讲了。

提出愿景目标

因为你必须让你的听众相信你有一个愿景目标，所以你得从一张表达愿景目标的幻灯片开始。

那什么是愿景目标呢？

- 你关注了的问题，很多人都关心或者感兴趣。
- 你有办法解决这个问题。

图 9-1 的例子可以说明，问题是要了解人工智能，解决办法是模拟人类的故事处理过程。

愿景目标

如果我们要研发人工智能，那我们必须要理解人类创造故事、讲述故事和理解故事的能力。

图 9-1　愿景目标

这张幻灯片展示了表达愿景目标的"如果……那么……"（if-then）结构。"如果……"部分提出问题，"那么……"部分提出解决方案。

在"开头如何写"中，你会发现"如果……那么……"句式只是提出愿景目标的方式之一。下面还有一些：

- 以有趣的故事开场。
- 以复杂的问题开场。
- 以目前的困境开场。
- 以崭新的机遇开场。
- 以想象中的合适话题开场。

阐述实施步骤

只要你的愿景目标是清晰的，下一步你就可以展示实施步骤的幻灯片，如图 9-2 所示。这表明你已经有计划了，且有所准备。

```
┌─────────────────────────────────┐
│            实施步骤               │
├─────────────────────────────────┤
│                                 │
│   ·明确初步行动                   │
│   ·制定量化问题                   │
│   ·采集合适方案                   │
│   ·应用具体系统                   │
│   ·进行相应实验                   │
│   ·提炼相关原则                   │
│                                 │
└─────────────────────────────────┘
```

图 9-2　为实现愿景目标所实施的步骤

你不必完全遵循实施步骤，可以展示你的整体规划，并透露进行到哪一步了："下面是我计划的实施步骤，我正在进行第四阶段的工作；我在应用一个具体的系统。"

分享近期进展

演讲开头，可直截了当告诉大家你已经取得的工作进展或下一步的工作计划。让大家了解近期的工作进展，他们会感到自己受到了重视。切忌向他们唠叨你 10 年前，哪怕是一月、一周，甚至一天前你完成的工作。一定要让大家感到耳目一新、精神抖擞！

在介绍近期进展时，使用以下表示当下的时间词汇：

　　就在昨天，我的系统……

　　二月份，第一次……

　　明天，我们将启动……

避免使用"近期"一词，因为它可能意味着非常久远的近期，久远到埃及金字塔建成的时候。

例如，对比展示以下两张幻灯片时，我会说：

　　我今天重点举例介绍：如何使用能够理解故事的计算机软件系统写出一个故事的梗概。关于《麦克白》惨烈胜利的故事，其梗概原本有80句话，我利用"创世记"故事理解软件，将故事浓缩为6句话。

进展	进展
原梗概： 麦克白是领主，麦克德夫也是领主。麦克白夫人既邪恶又贪婪。邓肯是国王，麦克白是邓肯的继任者。邓肯是考顿的敌人，麦克德夫是考顿的敌人，邓肯是麦克德夫的朋友。麦克白击败了考顿。邓肯很高兴，因为麦克白击败了考顿。女巫们跳舞，看见了神示。麦克白与女巫们交谈，女巫们预言麦克白将成为国王，使麦克白大吃一惊。邓肯处死了考顿，麦克白成为考顿爵士。因为高兴，邓肯奖赏麦克白。麦克白想当国王是因为麦克白夫人说服他想当国王。麦克白邀请邓肯共进晚餐，邓肯赞赏麦克白。邓肯上床睡觉了，邓肯的守卫喝醉后睡着了。为了谋杀邓肯，麦克白谋杀了守卫，然后刺杀了邓肯。麦克白成了国王，马尔科姆和多纳班逃跑了。麦克白谋杀邓肯，导致麦克德夫逃往英格兰。为了逃到英国，麦克德夫骑马来到海边，坐船离开。然后，麦克德夫逃到英格兰，导致麦克白谋杀了麦克德夫人。麦克白在一次晚宴上产生幻觉，麦克白夫人说他经常产生幻觉。大家都离开是因为麦克白夫人让大家离开。麦克白谋杀邓肯，导致麦克白夫人变得心烦意乱，麦克白夫人经常做噩梦，认为自己手上沾有鲜血，最后自杀了。勃南是一片森林，通往邓斯纳namespace。麦克德夫的军队进攻邓斯纳恩，麦克德夫诅咒麦克白，拒绝投降。麦克德夫杀死了麦克白。	精简后的梗概： 这个故事讲述了一个惨烈的胜利。麦克白想当国王，因为麦克白夫人说服他要有这个想法。麦克白谋杀了邓肯，可能是因为邓肯是国王，而麦克白是他的继任者。麦克德夫逃到了英格兰。他的妻子被麦克白杀死了。麦克德夫杀死了麦克白，可能是因为麦克白惹怒了他。

图9-3　两张幻灯片展示近期工作进展

为了说明软件分析内容的篇幅和特点，我只显示了头两张幻灯片中的一张。我建议听众先读一两个句子，然后暂停让每人照做。接着，我换到第二张幻灯片，再次停顿让听众浏览上面的内容，这只需要 10 秒钟左右。如果我中间没有停顿，则犯了言语过多的大忌。

如果你刚开发出一款能像人类一样正常行走的机器人，可以采用视频方式展示工作进展。

10　如何结尾

在这一章，你将学习说服性演讲的结尾技巧，同时，了解到大多数演讲者的总结幻灯片虽然语言标准，但废话居多。

以"成果展示"结束

你不希望最后一张幻灯片的标题是"结论"，因为结论是想法，不是取得的成果。而且，结论有定局的含义，意味着接下来没有更多的事可以做、可以讨论、可以跟进，或激动人心。

借助幻灯片做有关研究的演讲时，最后一张幻灯片很重要，一般会比其他幻灯片都长。如果你在回答问题，或者开始讨论，又或者你是中场休息前的最后一位发言人，最后一张幻灯片可能会在屏幕上停留 20 分钟。你别无选择，最后一张幻灯片的标题必须是"成果"。

最后一张幻灯片以"成果"为标题，是告诉大家你已经取得了成果，如图 10-1 所示。

成果

- 开发了处理人类故事的模型
- 提出了 6 种推理反应
- 完成了 3 项"创世记"系统实验：故事重述、概括和创作
- 推测自我意识

图 10-1 演讲最后一张幻灯片"成果"

请注意，在"成果"幻灯片中，要素的排列顺序有助于决定接下来的问题或讨论。最后的要点以"推测……"引发讨论，随后的热烈讨论会让人们记住你和你所讲的内容。

在"成果"幻灯片中使用常用动词

请注意，示例中都使用常用动词，下列动词尤为合适。请注意，每个动词都表明一项具体成果：

分析	论证	明确表达	创造	证明
描述	设计	确定	开发	发觉
能够	枚举	建立	展现	解释
制定	假设	察觉	实施	引入
建议	证实	表明	推测	提议

避免使用"改进"及其同义词，"改进"意味着无足轻重的改变。

展现"成果"的多种形式

几乎每一种说服性的演讲都应该以详述成果结尾，但以"成果"为标题并非适合任何情况。以下选择可供考虑：

- 学习研讨会报告的结尾幻灯片可以采用"建议"做标题。
- 商务简报的结尾幻灯片可以采用"商务消息"做标题。
- 销售演讲的结尾幻灯片可以采用"确定收益"做标题。
- 向风险投资人介绍新风险的结尾幻灯片可以采用"预计收益"做标题。
- 捐赠请求的结尾幻灯片可以采用"馈赠的效力"做标题。
- 政治演讲可能不需要幻灯片。

切莫浪费时机

本该利用时机让听众相信您完成了重要的工作，却总有许多做法浪费了时机。

幻灯片"谢谢"结尾不可取

下面是最糟糕，但却常见的情况，最后一张幻灯片被设置成"谢谢！"。

图 10-2　请勿使用这种浪费时机的幻灯片

感谢听众不可取，会向听众传达出演讲者缺乏自信，听众的出席是给演讲者面子。因为你的演讲精彩，听众应该向你表示感谢才对。

请勿将最后一张幻灯片设置成同样无力的标题"有什么问题吗?"。

图 10-3　请勿使用这种浪费时机的幻灯片

一旦有疑问，这种幻灯片会在屏幕上停留 20 分钟，占据了本该用来展现成果的时间和空间。

另一种浪费时机的做法是在幻灯片上显示网址链接。我曾见过成千上万的人看过这种幻灯片，却从未见过有人记下网址链接。

更多信息：
http://people.csail.mit.
edu/phw/index.html

图 10-4　请勿使用这种浪费时机的幻灯片

但请稍等，用最后一张幻灯片向合作伙伴致谢，怎么样？向合作伙伴致谢是应该的，否则他们会感到非常沮丧。但别用最后一张幻灯片表示感谢，向合作伙伴致谢应该放在标题幻灯片页面。

如果用最后一张幻灯片致谢合作者，不但浪费时机，无法让听众聚焦你的成果，而且会传递错误的信息。听众的自然反应是："嗯，干得不错，但是 4 个人完成，也没那么了不起。"

我强调，正确的做法是：演讲必须清晰明确地陈述你个人完成的工作、共同合作完成的工作，以及那些你未亲自参与但对你有启发的工作。如果合作伙伴认为你以他们的功劳自居，就会强烈地排斥你。

回应听众致意

听众怎么知道什么时候给掌声呢？毕竟，演讲不是管弦乐队演奏，你不用走过去与首席小提琴手握手。

你可以说"谢谢！"或者"谢谢聆听！"，但这样说就糟糕了。与在幻灯片上显示"谢谢"一样，这样说表示你认为自己的演讲不值得一听，所以你才感谢那些坚持听完整场演讲的人，因为他们出于礼节，艰难地忍耐到了最后。

你希望听众觉得听你演讲是种荣幸，而不是折磨。

说"谢谢"虽不会让演讲失败，却不可取。尤其是当观众中有人对讲座持怀疑态度时，他们一直在那里寻找演讲中的问题。

相反，你可以说："现在，演讲结束了，我很乐意回答大家的问题。"这样很好，但也只是推迟告诉听众结束的消息而已。

在 2012 年的民主党大会上，总统比尔·克林顿以一句经典的祝福结束了他的讲话："上帝保佑你们！上帝保佑美国！"

当然，如果你参加了麻省理工学院的求职面试，若在自我陈述结束后说"上帝保佑你们，上帝保佑麻省理工学院"，这会显得怪异。反而，可以用简单的结束语："最后一张幻灯片展示了我取得的成果，演讲到此结束。"然后，你走过去与面试官握手。这样，大家就知道可以鼓掌了。

如果人们鼓掌，你可以点头致谢，或默说"谢谢"，以表达对掌声的感谢。

或者，在回顾成果之后，可以讲个笑话或故事来结束演讲，然后握手致意。

又或者，采用同样不错的做法，以口头致敬的方式结束演讲。我在麻省理工学院年度讲授《演讲的艺术》（*How to Speak*）是这样收尾的：

> 那么，这些就是我今天讲的内容。与一小时前相比，大家对演讲有了更多的了解，有的可能收获颇丰。大家认识到了交流方式的重要性，为此，我向大家表达我的敬意，记得邀请亲朋好友们明年一起来听我的演讲。

接着我走过去和熟悉的听众握手。

11 如何制作幻灯片

在这一章，你会学习如何制作简洁明了的幻灯片，了解如何精简演示幻灯片上的文字，以及避免文字过多带来的影响，学习使用逐条显示的幻灯片、黑色幻灯片、"兔子洞式"幻灯片和进度条。

权衡幻灯片利弊

专业的说服性演讲通常使用幻灯片，便于高效地表达观点，而不是授课，听众不用参加考试，毕竟，他们只用听你讲，而不用重复你所做的。

此外，在科学、工程、商务、建筑和医学等许多其他领域，幻灯片可以用来展示图片、表格、图表和运算。例如，演讲可能需要图片展示纳米技术设备、神经元或考古挖掘，可能需要死亡率表、预计收益数据表、过去10年的通货膨胀率，可能需要总结性地解释开发新学习算法的运算。

这些都合情合理。但是如果屏幕上的文件大纲中含有项目符号列表，且被嵌套到每一张幻灯片上，这就不大合适了。使用这样的幻灯片做演讲注定会失败。

爱德华·塔夫特对微软和其他版式的幻灯片软件给予了猛烈抨击，他认为问题出在字数，幻灯片容纳不了足够多的文字，无法传递真实完整的内容，他的办法是不使用幻灯片。

另一个办法是缩小字体，这样一张幻灯片上就可以容纳更多文字。但这个办法行不通，因为观众无法边听边看，显示的文字越多，听到的内容就越少。

精简为要

我刚结束了一个会议，抵达波士顿洛根机场。飞行旅途颇为艰辛，像是坐在一台失去平衡的洗衣机里，我决定回家之前在机场的咖啡店喝杯咖啡。

我刚想坐下来休息，就有人走过来问："您是温斯顿教授吗？"

"应该是吧。"我开玩笑地说。

他解释说自己正要去欧洲参加一个求职面试，他曾看过我的演讲视频《演讲的艺术》。他问道："您能指点一下我的幻灯片吗？"

"可以，"我说，"你的幻灯片页数太多，每张幻灯片的文字也太多。"

他看起来有些困惑："您怎么知道？"

"的确总是如此。"

然后，看完他的幻灯片后，我俩都注意到幻灯片和文字都太多了，我们讨论了如何删减、在何处删减。大约一周后，我得知他被录用了。

如果他不是在机场，而是来办公室找我，我可能会像往常一样，要他打印出幻灯片，摆放到桌上。结果通常会是图11-1的样子，文字过多，演讲内容太密集，缺少间距。为了不让作者尴尬，幻灯片做了模糊处理。

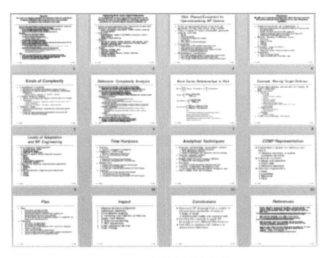

图 11-1　文字过多的幻灯片

图 11-2 的幻灯片较好，许多没有文字或文字不多，因为文字过多的幻灯片不适合阅读。

图 11-2　简洁的幻灯片

排除信息干扰

有充分证据表明，人类只有一个语言处理器，而且容易受干扰。如果在幻灯片上堆砌太多文字，干扰了听众的语言能力，他们就没法继续听演讲了。

强行推销的销售员知道这一点，所以他们一直说个不停，让你无法思考。上课发短信、读邮件，或上网的学生也了解这一点，因为他们上课什么也没听到。

我的学生米切尔·凯茨（Mitchell Kates）做过一个试点研究，研究人们在听演讲时，语言处理器是如何运作的。他创建了一个有关网络工具 Django，对两组志愿者听众进行演讲，这些志愿者是来自大学联谊会的新生。一组志愿者获得的信息中 50% 用幻灯片展示，剩余的 50% 口述；另一组原先幻灯片上的信息变为口头信息，口述的信息被写在幻灯片上。

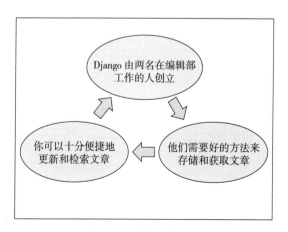

图 11-3　语言处理实验的样本幻灯片

有趣的是，两组志愿者在回答问题时，回答与幻灯片有关信息的效果比口述信息好 75%。在随后的讨论中，一个实验对象说："我希望能少讲一些，这样不容易分心。"如果像实验中的幻灯片一样，文字过多，听众只顾阅读文字，就无法听演讲了。同时，当你忙于展示时，可能还需要有人帮忙切换幻灯片。

幻灯片削减、缩短、收缩、修剪和删节方法

如果幻灯片如图 11-4 所示，恐怕很难会有人听你的演讲。

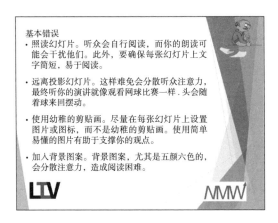

图 11-4　背景花哨的幻灯片

第一个问题是背景图案，也称为主题。请勿使用这类背景图案，因为它容易分散听众的注意力。

下一步，去掉幼稚的剪贴画。有人觉得剪贴画能让幻灯片看起来更好、更有趣，实则不然。

而且，当使用剪贴画时，就不需要在每张幻灯片上添加单位标识了。如果可以，请删掉剪贴画，标题幻灯片除外。

图 11-5 去掉剪贴画和标识的幻灯片

然而请注意，你的单位可能要求普遍使用单位标识，部分出于法律原因，尤其观众可能要求复制幻灯片，因此每张幻灯片上都应有版权声明。为了让各方满意，可以在打印的纸质讲义和电子分发版上添加标识和声明，这样你展示的幻灯片会更完整。

现在，突出的问题是文字太多，如图 11-6 所示。你演讲时很想直接照着幻灯片念，但是念幻灯片会让观众很烦。

图 11-6 文字过多的幻灯片

有一次，我参加美国航空航天局顾问委员会的会议，该委员会专门提供有关太空机器人的咨询。会议主持是天文学家先驱卡尔·萨根（Carl Sagan），他坐在一张 U 形大桌的首位，在他旁边就座的是人工智能领域的先驱马文·明斯基。

大约在会议进行了一半时，明斯基打断了一位演讲者，要求他停止朗读幻灯片。演讲者有些崩溃，读幻灯片是他一贯的演讲风格，很快，他又恢复了朗读。明斯基素来对学生和蔼，但对成年人就没有那么多耐心了，他觉得成年人应该懂得如何演讲。最后，明斯基离开了会场。

去掉多余的文字，只留下观点，如图 11-7 所示。如果把这些文字都放在演讲稿中，演讲的时候就可以大声地将它们说出来，否则，还不如默默地翻阅幻灯片。

```
┌─────────────────────────────┐
│  ┌───────────────────┐      │
│  │     基本错误        │      │
│  └───────────────────┘      │
│  ·照读幻灯片                 │
│  ·远离屏幕                   │
│  ·使用剪贴画                 │
│  ·使用背景图案               │
└─────────────────────────────┘
```

图 11-7　简化为条目

根据"简化即优化"的原则，需删除标题外框，如图 11-8 所示。

```
┌─────────────────────────────┐
│          基本错误            │
├─────────────────────────────┤
│  ·照读幻灯片                 │
│  ·远离屏幕                   │
│  ·使用剪贴画                 │
│  ·使用背景图案               │
└─────────────────────────────┘
```

图 11-8　改进样式

有时可能会去掉整个标题。对标题思索再三就不得不考虑幻灯片的作用，要真是那样，你可能就不想加标题了，如图 11-9 所示。毕竟，你会介绍说："现在，我想告诉大家如何避免一些基本错误，这些做法虽然用意良好，却事与愿违，常见于经验不足的演讲者。"

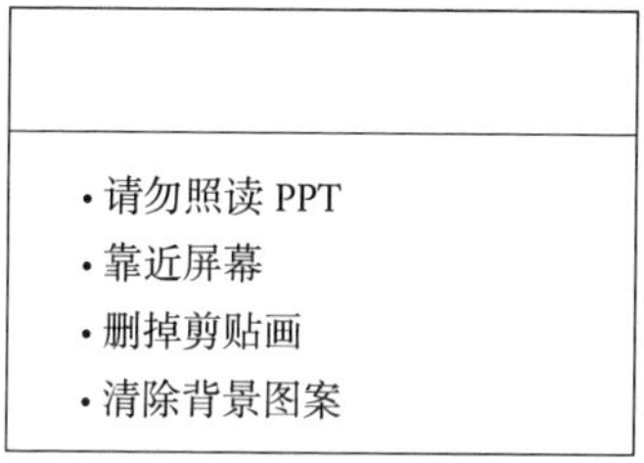

图 11-9 没有标题

赠阅幻灯片副本

我在演讲时从不把幻灯片发给听众。分发幻灯片虽然能够简化笔记，但心急的听众会翻阅幻灯片，以致分散其他人的注意力。

有时，我会发放标有注释的幻灯片副本，以便在演讲之前或之后使用。

如果有人打算请我做商业演讲，我会在演讲之前发给听众附有标题和补充说明的幻灯片副本，以确保他们真的想听我将要讲述的内容。

我也会在演讲之后提供带注释的幻灯片副本，有时是因为有听众想给没来听演讲的人写下演讲概要；有时是因为听众要为赞助商评估我的演讲，写报告时需要了解我讲的内容；有时是因为听众想仔细考虑我代表研究小组提出的建议等。

因为知道幻灯片上的建议可能被引用或抨击，所以我总会在留给听众的幻灯片上加上标题、说明和阐述。

非母语演讲幻灯片文字适量增加

如果你的演讲比较难懂，应该在幻灯片上多配些文字，以确保你所陈述的工作目标、实施步骤、近期进展、成就和观点易于被理解。这样写我深感惶恐，因为这不代表允许出现前文提及的"基本错误"。

提前阅读检查

我承认幻灯片会使用项目符号列出重点，但我赞同南希·杜瓦蒂（Nancy Duarte）的观点，她指出听众常常提前阅读，当你在讲述第一点时，他们必定会在看最后一点。

解决这个问题的一个做法是将普通项目列表转换成逐条显示的模式，即每点击一次就出现新的一行。

图 11-10　逐条显示模式

然而请注意，逐条显示项目可能会让许多人抓狂，一些人可能更接受"高亮显示列表"，即只重点突出正在讲的一项，其余内容暗化处理。

- 请勿照读 PPT
- 靠近屏幕
- 删掉剪贴画
- 清除背景模式

- 请勿照读 PPT
- **靠近屏幕**
- 删掉剪贴画
- 清除背景模式

- 请勿照读 PPT
- 靠近屏幕
- **删掉剪贴画**
- 清除背景模式

- 请勿照读 PPT
- 靠近屏幕
- 删掉剪贴画
- **清除背景模式**

图 11-11　暗化处理未谈论的内容

过多使用高亮显示列表稍显枯燥，另一种可行的做法是分散项目列表，每张幻灯片只显示一项内容。

请勿照读 PPT

靠近屏幕

删掉剪贴画

清除背景图案

图 11-12　每张幻灯片显示一项谈论的内容

一些设计者会抱怨，分散项目列表会让幻灯片空白太多。但幸好，项目分散后，可以腾出足够空间添加图表，增强说服力，甚至可以完全省去文字了。

接下来将介绍如何去掉逐行显示示例幻灯片中的项目符号列表，如图11-13所示。第一张幻灯片建议减少字数，好笑的是我还读了好几行文字；对于第二张，注意到演讲者未出现在幻灯片附近，我会问演讲者到哪儿去了，因此，幻灯片成了焦点，而不是演讲者；对于第三张幻灯片，我不建议使用剪贴画；至于最后一张，我强烈反对使用会分散听众注意力的背景主题。

图 11-13　错误的幻灯片示例

少而精地使用项目符号列表

许多演讲几乎全部由某一项目符号构成，显得极其乏味，难以理解。

避免滥用。使用项目符号应该少而精。一旦使用，便可吸引听众的注意，突出重点内容，例如：计划的实施步骤、听众需要做的事或成果等。

最适合展示项目列表的方式存在着争议，但请记住，无论哪种方式，如果使用太过频繁，都会令人厌烦。连续 10 张逐条显示的幻灯片会引人注目，同时也会让许多人厌恶。如果必须使用，请在演讲时使用两三张，仔细考量如何去掉多余的内容。

整合项目要素

经常使用项目符号列表不但令人厌烦，还会使思维僵化，非常像传统的大纲概述。每当使用项目符号列表时，应该问问自己是否能用图表整合项目要素。

在人工智能研究中，我对人类智能的区分性特征深感震惊。以下是内容摘要：

罗伯特·贝里克（Robert Berwick）和诺姆·乔姆斯基（Noam Chomsky）认为，人类，而且只有我们人类，有符号思维所需的神经机制（Berwick and Chomsky, 2016）。根据他们的"合并（merge）"理论，人类建立了具有深度嵌套的符号用以描述关系和事件。有可靠证据表明，与人类 DNA（脱氧核糖

核酸）几乎相同的黑猩猩没有这种合并能力；也没有有力证据
证明，尼安德特人有这种能力。

我认为合并理论对科学研究非常重要，因为它为以下领域
的研究奠定了基础，包括：人类如何就有关人和事培养出理解、
讲述、创造性地编撰故事的能力，以及这些能力如何在人类教
育方面发挥重要、重大，甚至决定性的作用。基于合并的叙述
能力，人类能够开展以下活动：表现文化偏见，为教育或说服
他人而重述故事，将新旧场景关联，总结归纳，协商谈判，推
理演绎，遵循指示，自我规划，自我认识，以及其他各种认知
活动。

用项目符号列表，可以将这个故事整合成一张幻灯片，如图
11-14 所示。

- 其他动物能感知和记忆序列
- 只有人类有"合并"能力
- "合并"能力有助于故事加工
- 故事加工能激发指示处理
- 指示处理能激发现推理演绎和
  自我规划

图 11-14　一个引人入胜的故事，陈述方式却乏味

我没有使用这张幻灯片。我倒是注意到"合并"能力就像拱门
的拱顶石一样，能与其他能力协同合作，让故事易于理解。拱顶石的
比喻所传达的重要信息是，即便是一丁点儿变化，也能产生巨大的效
力，如图 11-15 所示。

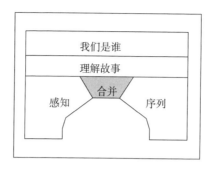

图 11-15 引述故事的拱门模型

使用黑色背景幻灯片

假设主要是讲述，同时又想展示一些图片，使演讲更有吸引力，那么应该在展示的图片之间设置"黑色幻灯片"，如图 11-16 所示。否则，可能大部分时间展示的是与讲述内容无关的幻灯片。

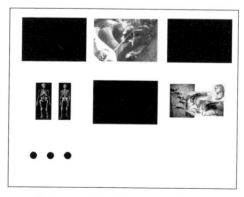

图 11-16 黑色背景幻灯片与图片交错

切换幻灯片的遥控器上可能有黑屏按钮，按下按钮，就会显示黑屏。如果没有遥控器，也没关系。只需要安排一个人，在你打手势时帮忙切换幻灯片就可以了。手势预先约定好，不用很显眼。

另外要注意，如果在灯光调暗的情况下展示黑色幻灯片，会让听众身处黑暗之中，因此，千万不可调暗灯光。

清除动画转换

全部或部分幻灯片都可设置为淡化、飞入、浮动、弹跳或其他更糟的动画模式，但千万别这样做，和背景图案一样，动画转换会分散听众注意力。

使用进度条

我注意到，自己时常好奇演讲者何时结束演讲。

在这种情况下，如果能看到演讲正在进行中，且就快接近尾声，我会感觉好得多。因此，如果你的演讲看起来好像永远不会结束，请使用进度条，如图 11-17 所示。进度条能随着演讲的进行而向前推进，显然，演讲即将结束。

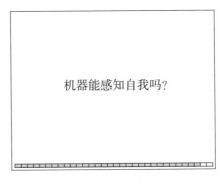

图 11-17　配有进度条的幻灯片

另一种方法是使用页码，但没有进度条美观，如图 11-18 所示。

机器能感知自我吗？

30/32

图 11-18 标有页码的幻灯片

当幻灯片张数太多时，不适合使用页码。如果第一张幻灯片的角落上显示页数为 1/200，听众可能会失去耐心。

使用大号字体

打开一张测试幻灯片，如图 11-19 所示。

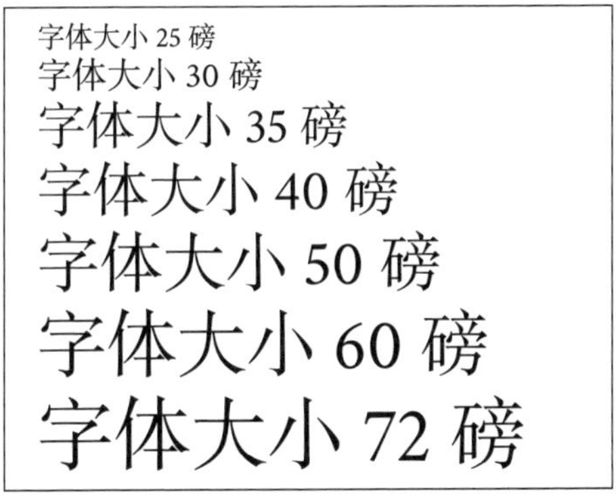

字体大小 25 磅
字体大小 30 磅
字体大小 35 磅
字体大小 40 磅
字体大小 50 磅
字体大小 60 磅
字体大小 72 磅

图 11-19 字号测试幻灯片

在演讲地放映这张测试幻灯片，从距离最远的座位上观看，如图 11-20 所示。

图 11-20　远处的观众看到的测试幻灯片

使用小于 40 号的字体应有充分的理由，而使用小于 35 号的字体更应如此。其实，字体越大越好，一部分原因是有助于避免文字过多的问题。

或者，假设知道放映屏幕的宽度，以及最后一排观众与屏幕的距离，用标准大小的纸张打印出测试幻灯片，看看上面的字体，选择一个能看清的最小字体。总之，避免使用的字体小于以下公式得出的大小：

$$字体大小 = \frac{测试纸张的宽度}{屏幕宽度} \times \frac{观众距离}{测试距离} \times 测试字体大小$$

一般来说，大房间配备大屏幕，因此，不太需要上述公式，用40 号或更大的字体就可以，字体小于 35 号不便于阅读。

添加相关人物图片

许多商务演讲展示的图片很老套，通常是些快乐的陌生人，还有些更糟糕，是可爱的小动物。这样做毫无意义，又显得幼稚，当这些相同的图片涌现在毫不相关的演讲中时，尤为如此。另一方面，在谈论观点时，如果能看到观点提出人的照片，会更吸引人。例如，在谈论哪种研究项目有意义时，我通常会引用告诫不要随波逐流这一类的话语，如图 11-21 所示。

马文·明斯基（Marvin Minsky）：
如果每个人都在这么做，那就不要做了。

约翰·莱尔德（John Laird）：
如果无论如何都能做到，那就尝试其他的。

图 11-21　添加人物图片的幻灯片

适当设置幻灯片数量

一场技术演讲应该包含多少张幻灯片？每张幻灯片要讲解多长时间呢？当然，这都是由每一张幻灯片的内容所决定的。如果内容多的话，每张幻灯片可能要花费 3 分钟左右的时间；如果内容少的话，可能会花费 1 ~ 2 分钟的时间。如果你准备了 20 张幻灯片，你应该演讲 30 分钟左右。

制作"兔子洞式"幻灯片

不管你给每张幻灯片分配多少时间，你都会准备比较多的幻灯片。几乎每个人都担心自己没有足够的内容讲，所以他们做了太多张幻灯片。然后，他们要么匆匆讲到最后，要么尴尬地翻幻灯片，很多人对此感到不耐烦。

解决办法就是我所说的"兔子洞式"幻灯片，这个短语源自《爱丽丝漫游仙境》。你难免会遇到时间不够的情况，这种情况下需要想一下，可以删掉哪些幻灯片。在你想删除的幻灯片的上一页，添加一个超链接，单击该超链接时，会直接跳到其他要展示的幻灯片。

符合听众期望

现在，幻灯片的数量适当，内容简洁，而且还适当地制作了一些兔子洞式幻灯片，一切准备就绪后，你就可以演讲了。

事实上，如果你的演讲主题不需要视频，你可以演讲了。毕竟，人在有生之年看过太多的幻灯片了。

然而，你必须对听众以及他们的期望、需求和想法保持敏感。一次失误的演讲会让人感到无聊或充满敌意。

技术会议幻灯片忌过多细节

技术报告的幻灯片一般都太多，太冗长，太深奥。有些报告必须深奥，有些必须包含计算，但是内容仍然应该简单易懂。我从自己过去的幻灯片中选取了几张，如图 11-22 所示。可以看到，我很少使用标题。

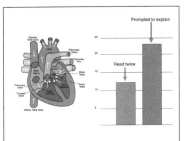

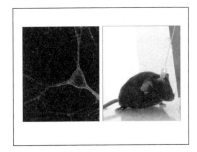

图 11-22　技术类幻灯片示例

左上图：如果自己反复揣摩材料，你会学到更多。右上图：冤冤相报何时了！左下图：此时可以激活老鼠的光电神经元。右下图：麻省理工学院的一名本科生设计出符号组合程序，标志着人工智能时代即将到来。

商业领导层会议幻灯片宜图标化

面向商业领导层的幻灯片往往文字少、没有标题、图片多、设计专业。如图 11-23 所示。

图 11-23　图标化的商业领导层会议幻灯片

左上图：简单易懂。右上图：人工智能经济正在爆炸。左下图：今天的商业世界充斥着各种各样的数据。右下图：你的客户已经被数字化了吗？

满足不同群体的期望

你可以很容易看出图 11-24 中左右两张幻灯片之间的差别，左边是为技术听众准备的，而右边则将同样的内容传达给商业领导层听众，图片代替了文字。

激动人心的时刻!

·美国国际商用机器公司的 Watson
·iRobot公司智能扫地机器人Roomba
·谷歌的Firefly自动驾驶汽车
·波士顿动力公司的Atlas机器人
·苹果的 Siri

第三次浪潮

一群年轻人在玩飞盘游戏

明斯基对于计算机可怕的预测

一旦计算机拥有了控制权，我们可能再也无法改变。只有经它们容许，人类才能勉强生存。说不定，计算机会把我们当宠物收养。

图 11-24　针对不同群体的幻灯片

餐后演讲中宜用图片

如果你做旅行演讲，或者情非得已在晚宴后演讲中使用幻灯片，一定要用图片，不要用文字。请遵循商业领导层会议幻灯片使用的原则。

政治性演讲不用幻灯片

许多人认为视觉效果比文字更令人难忘，然而政客们很少使用幻灯片，主要有以下几个原因：

- 政治家们希望自己成为焦点，他们不想让你看屏幕，因为屏幕不是候选人。
- 他们可能在体育场、停车场或其他无法使用幻灯片的地方发表演讲。
- 他们与电视观众交流时，要么根本不看幻灯片，要么只能尴尬地在演讲者头像和幻灯片之间来回切换。
- 他们知道幻灯片放映容易出故障，要么投影仪出故障，要么投影质量不佳，或者屏幕可能太小。等放映幻灯片一切准备就绪，可能会导致演讲延迟，造成尴尬。
- 他们担心幻灯片上的内容会受到讽刺，因为他们知道从图片或文字中脱身比从口头讲话脱身更难。
- 他们需要看提词器了解进展，看幻灯片容易跟不上。
- 他们觉得回头看幻灯片会显得注意力不集中。
- 他们想保持传统。

12　如何使用道具

在本章中，你将学习一两个实物道具，让你的演讲令人难忘。此外，你还将了解如何使用人物做道具。

借鉴优秀演说家经验

我从著名剧作家 A.R. 格尼那里了解到道具的作用，他碰巧是我在麻省理工学院读本科时的人文课程老师。他解释说，他和其他剧作家对演员在舞台上使用道具的问题进行了认真的思考。

为了强调道具的重要性，格尼让我们研究了亨利克·易卜生的《海达·加布勒》。这部戏讲述了一个不快乐、难以取悦的女人，一个有点无聊的丈夫，以及与丈夫争夺学术职位的竞争对手。话剧开演时，有一个火炉，余烬微微发光。竞争对手刚刚完成了一份精彩的手稿，这将使他赢得海达丈夫想要的职位。炉火越来越旺，对手喝醉后，把手稿搞丢了，海达不知如何拿到了手稿。炉火燃得正旺，海达手中的书稿让炉火燃得更旺。

戏里发生的事我已经忘得差不多了，但炉子和稿子我一直记得。就像格尼说的那样，观众更容易记住实物。

道具有助于增强记忆

在我关于如何演讲的年度演讲中，我反对使用教鞭，我甚至把一个木制教鞭折成了两段，如图 12-1 所示。多年以后，大家还记得我反对使用教鞭。

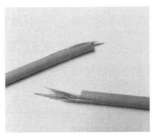

图 12-1　被折断的教鞭

有时我会提到，大家会觉得我读研究生时用的电脑很神奇，目前我使用的手机的功率和内存都比当时的电脑大 5 万倍。我把手机拿出来给大家看了看，手机就成了一个道具。

图 12-2　用作道具的手机

即使你的道具小得看不见，但它仍然奏效，只要你告诉观众："我手里拿的是世界上最小的机器人，比家蝇还小。"

道具有助于强调重点

道具的作用不仅仅体现在戏剧中。有一次，我和妻子、女儿住在蒙大拿州，一位县警长大步走进我们正在吃饭的餐厅，告知一场森林大火正在迅速逼近。他说："你不一定非要走，但如果你选择留下，我这儿有一支记号笔。"他举起记号笔，夸张地停顿了一下，继续说，"我想让你用它把自己的名字和社会保障号码写在肚子上，以便我们能认出你的尸体。"我们得到信息后立即离开了。道具起作用了。

实物道具胜于图片

请勿用带有图片的幻灯片代替实物道具。使用道具的效果更佳，因为道具不仅有助于强调重点，还能帮助记忆。

图 12-3　珍贵的手稿和熊熊的炉火

道具避免单调

许多演讲包含太多幻灯片，显得单调。要克服这种单调，就要使用道具，如图 12-4 所示。用一个旋转的自行车车轮演示角动量守恒，比枯燥的演讲要精彩得多。

图 12-4　使用道具演示角动量守恒

巧用人物道具

道具作用之大甚至可以让政治演讲令人难忘。美国总统罗纳德·里根在他的国情咨文中开创了把人物作为道具的传统。他指出了旁听席中各行各业的人，特别指出，1982 年佛罗里达航空 90 号航班坠入华盛顿特区的波托马克河时，兰尼·斯库特尼克（Lenny Skutnik）拯救了一名溺水空乘的英雄事迹。

13　如何培养良好习惯

在这一章中，你将学习优秀演讲者的特点，然后把这些特点融入自己的演讲。你还将了解到不擅长演讲的人有些坏习惯会破坏氛围，必须要避免。

精心设计开场白和结束语

你希望演讲开头有吸引力，结尾有吸引力，你应该努力设计出精美的话语来开始和结束你的演讲。

因此，你应该记住一些开场白。你可以阐述自己为什么很高兴来这里演讲，但别说很荣幸来这里演讲，可以开始清晰地表达自己的愿景，这两点需要在前一两分钟内完成，以便吸引听众注意力。

同样，你也应该记住一些结束演讲的句子。这样就避免了以致谢来结束演讲。

请注意，不要写下整个演讲内容，并背下来，因为这样听起来会像书面语，失去了你想要的即兴感。如果你担心演讲时忘了内容，你会惊慌失措。背诵台词只是为了打造一个良好的开始和完美的结尾。

也会存在例外，如果你要进行15分钟或更短的演讲，可以把自己的演讲写下来，并记住，删除多余的内容，并避免由于尴尬而出现语速加快的情况，这样你可能会更有信心。

如果你是一个政治家，可能会借助提词器念演讲稿。也许你侥幸成功了，因为你的演讲稿撰写者知道如何措辞，不会听起来像书面语。为了抓到把柄，你的对手会研究你说的每一句话。因此，提前写好并研究演讲稿，可以避免很多麻烦。

有趣的是，温斯顿·丘吉尔自己写演讲稿。据说，因为他有轻微的语言障碍，所以自己写演讲稿，再通读，在某种程度上可以避免以字母s开头或结尾的单词。

除非你有一个很好的演讲稿撰写者，或者有语言障碍，或者用不太流利的语言演讲，否则就不要在演讲的时候念演讲稿。

将演讲划分模块

许多听众的注意力持续时间很短，有人短至6分钟。你可以用一种口头标点把演讲分成几个部分，这样就帮了听众一个忙。你只要说："我的演讲有三个部分。第一部分是关于我们如何来到这里……然后……后来……现在，我们讲第二部分……"口头标点符号提醒那些走神的人可以在哪一部分再次进入状态。

如果你想强调演讲部分的变化，可以通过切换幻灯片强化口头的标记，如图 13-1 所示。将一场 40 分钟的人工智能演讲分成 5 部分，每部分 6 ~ 10 分钟，配备 4 张过渡幻灯片。

来到这里：
开始

又在何处：
当前的兴奋点

下一步该做些什么：
从感知到认知

接下来是什么：
自我意识的各个方面

图 13-1　过渡幻灯片

合理使用讲台

讲台似乎总是出现在开会的地方，我不知道为什么。你要小心了，因为讲台可能会把完全正常的人变成一动不动的僵尸，所以不要躲在讲台后面，它是用来放水杯、笔记本和电脑的。

有些紧张的演讲者会来回踱步，令人反感，但大多数人躲在讲台后面，有些人抓着讲台不放，好像害怕摔跤似的。优秀的演讲者会在说话时平静地走动，并做手势。

图 13-2　不要躲在讲台后面，它是用来放水杯、笔记本或电脑的

如果房间大，又不愿被讲台仅有的一个麦克风困在一席之地的话，一定要用无线麦克风。

使用遥控器

没有遥控器，你就会被束缚在电脑旁，每次切换新幻灯片时都需要返回到电脑旁，或者，你弓着腰站在讲台上或桌旁。无论哪种方式，你都得尴尬地低头看，去找正确的按键，这种不连贯与你所讲的内容毫不相干，还会打断你的演讲。

假如你忘了带遥控器，不用担心。请一个朋友做你的遥控器，在看到你不显眼、预先安排好的手势时，按下电脑上的前进键，比如举起一根手指。

勿用激光笔

有一次，当我们在观看演讲时，我的一个学生转向我小声说："我们都可以走了，演讲者不会知道的。"我们能看见的只有演讲者的后脑勺，因为他在不断地用激光束照射幻灯片。令人惊讶的是，这些光束竟没有让观众发狂。

的确是这样，当你使用激光笔时，必须回头看屏幕才能瞄准。因此你最多向观众展示头部的一侧，更有可能的是后脑勺，就像图13-2这个滑稽可笑的图像，我的头在里边无限递归。因此，使用激光笔，是一个糟糕的做法。

图 13-2　演讲者使用激光笔时的画面

但是，如果你真的需要在幻灯片中识别某些内容，该怎么办呢？

如果房间小，可以走进投影区，用手指点。如果房间很大，可以在幻灯片上嵌入一个或多个带编号的箭头。

有些演讲者能恰当地运用激光笔，但大多数人不行。如果你的激光笔是遥控器的一部分，在使用遥控器时，可以用一点胶带盖住激光，这样你就不会控制不住想使用它了。

　　我也不推荐使用指示棒代替激光笔，因为使用者似乎会不自觉地挥舞指示棒。如果你离屏幕足够近，可以用普通指示棒的话，大概也能直接用手去指了。

观众席前放置显示屏

　　使用激光笔就不得不回头看屏幕，但即使没有激光笔，屏幕对你的吸引就像蜂蜜对熊的吸引一样，因为你必须回头看才能确定显示的是哪张幻灯片。

　　如果在一流的视听大厅就能免去回头看的麻烦。有了一流的视听设备，以及放置在你和观众之间，也就是你前方的大显示屏，你就不再需要回头看身后屏幕上显示的内容了，如图13-3所示。

图 13-3　放置于演讲者与观众之间的显示屏，一个显示内容，一个显示时间

　　如果条件不允许，也可以把自己的笔记本电脑放在讲台或椅子上，临时凑合一下。

请注意，连接电脑和显示器的电线要用胶带粘在地板上。即使你确信自己不会被松散的电线绊倒，但如果观众察觉到你有被绊倒的危险，他们也会分心。专业的制作团队通常会有一名电工领班，他负责确保地板上的电线都用绝缘胶布固定住。

请勿玩弄头发

如果你有胡子，别用手碰它；如果你留有长发，不要把它缠绕在手指上。当你玩弄胡子或头发时，不妨直接举个牌子，上面写着"我很紧张"。

请勿把手放进口袋

如果你把手插在口袋里，每个人都会知道你很紧张。那些手通常不放在口袋里的人，一说话就会把手插进口袋，好像他们从来没有见过自己的手，也不知道该拿它们怎么办，好像手是身体的私密部位，不应该显露在公共场合。

图 13-4　当你把手放进口袋时，不妨直接举个牌子，上面写着"我很紧张"。

手如果不放在口袋里，那应该放在哪里呢？一次，我参观塞尔维亚的一个修道院教堂，为了表示尊重，我把手背在身后，并握紧。结果，一个修女很快走过来，把我的手给拉开了。很多文化都是这样，必须让人看到你的手，表明你没有隐藏的武器。

因此，把手放进口袋或背后都不恰当。那么，你应该拿它们做什么呢？

可以用手来指示。

我非常欣赏西摩·佩珀特（Seymour Papert）的演讲，为了弄清楚是什么让他的讲座如此吸引人，我听了一场他的讲座，重点关注他演讲的技巧，而不是他的演讲内容。我注意到佩珀特经常指着黑板，如图 13-5 所示。而且，令我惊讶的是，他经常指着与他目前谈论的内容无关的地方！

图 13-5　佩珀特在 1968 年的一场讲座

或者，你可以在身前紧握双手，尤其是当你坐在桌子旁的时候。

或者，你可以做出优美的手势。史蒂夫·乔布斯在 2007 年 MacWorld 大会的主题演讲中介绍 iPhone 时，谈到 iPod 照片存储应用程序时就做了个优美的手势，如图 13-6 所示。

图 13-6　乔布斯在 2007 年的 MacWorld 大会上谈论苹果的历史

用手指示时需谨慎

注意，在一些文化中，用食指指着任何东西都是不礼貌的。一般来说，如果用张开的手掌指点的话会保险一点，但即使这样也可能会冒犯别人。

图 13-7　在世界的某些地方，如果你用食指指指点点，你可能会无意中显得粗鲁，所以应该张开手掌指示

因此，当你在陌生的地方讲话时，最好提前向熟悉当地习惯的人请教。

着装需得体

穿自己觉得舒适的衣服，如果你从不打领带或从不穿高跟鞋，在做幻灯片演示时就不要这样装扮自己。否则，你会觉得自己像穿着小丑服一样尴尬，这一点会表现出来的。

从你觉得舒适的衣服中，挑选出符合群体期望的衣服，这通常意味着这件衣服要比你平时穿的衣服更得体。如果你穿的衣服不符合群体的期望，每个人只会记得你穿了什么，而不是你说了什么，那你的演讲就是失败的。

最后，对着镜子前前后后照照自己，确保你看起来是自己想看的样子。

保持眼神交流

优秀的演讲者不会让自己的视线离开听众，他们不会盯着天花板、空椅子、柱子或墙壁，因为这些东西可不懂得欣赏他们的演讲。

一些优秀的演讲者会挑几个认识的人，散坐在听众之间，演讲时，演讲者的目光就围绕这些人轮转。

另一些则使用 W 法：从左后方听众的位置开始移动视线，然后向右前方移动，到大概 1/4 的位置，最后形成一个 W 形的轨迹，如图 13-8 所示。

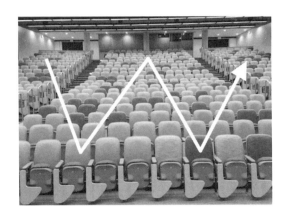

图 13-8　W 形视线移动轨迹

当然，优秀的演讲者不会因为忙着瞄准激光笔而无法将目光集中在观众身上。

避免口头填充词

真是太棒了！大礼堂挤满了人，这个话题很有趣，幻灯片演示很精彩，真是千载难逢。

然后，我注意到口头填充词"呃"出现的次数太频繁了，我数了下，5 分钟内，平均 5 秒出现一次。演讲者不知道自己说了很多"呃"，但许多观众都察觉到了。

你该怎么办呢？你很可能没有注意到自己使用的口头填充词。如果你请人评议你的演讲，他们可能也没有注意到口头填充词，或者担心这样做会伤害你，而选择不说。你唯一的办法就是给那些评议演讲的人列一份说明清单，包括具体的说明：注意口头填充词，如"呃""啊""嗯"，一旦我使用了，就请打断我。

留意时间

如果絮絮叨叨讲得太久，听众就会心不在焉，会身在曹营心在汉。

如果有时钟，就看时钟上的时间。不能看腕表，一旦频繁地看腕表，听众会觉得你要赶飞机。

如果没有看得见的时钟，就找个朋友提醒你吧，让你的朋友坐在后面，等你还剩 10 分钟的时候再站起来提醒你，然后，你就需要使用"兔子洞式"幻灯片了。还需和朋友约定好其他暗号，比如交叉胳膊之类的，表示演讲时间马上要结束了。

集中主题

有一次，我给波士顿大学的生物学家做了一场"如何演讲"的演讲。演讲结束后，一名教师走到我面前说："在听演讲的教师中，大多数人的困扰是，他们觉得应该告诉大家他们做过的所有事情，但最终好像什么也没讲。"

你确实想让人们知道你做了很多优秀的工作。所以，你应该说："在过去的几年里，我做了 x，证明了 y，展示了 z。今天，我想重点介绍一下我的最新结果和当前的重点，告诉大家如何利用厨房里常见的化工原料将铅转化为金。"

保持积极态度

如果你说自己毫无准备，只会引起不满。如果你说自己很紧张，你是想让人们同情你，而不是听你演讲。如果你说你不习惯在公开场合演讲，可能你不说，大家还没有注意到这一点。如果你因为视听设备故障，或者因为非母语演讲而不停地道歉，听众只会更加关注这个问题，从而让事情变得更糟糕。

如果你的演讲内容有些难懂，那你可以不必顾及幻灯片不能文字过多的原则，你可以在幻灯片上写下你的要点。

应对反应平淡的观众

如果你讲得很兴奋，而你的听众却没反应怎么办？如果你讲了个笑话，没人笑怎么办？如果你感觉自己像对着大峡谷底部的石头说话，你会怎么做？

首先，你要知道很多人都遇到过这样的情况。即使真遇到这样的情况，也通常不是你的原因。其次，尝试开个玩笑。喜剧演员米尔顿·伯利（Milton Berle）曾开玩笑说道："这是观众还是一幅油画？"

问题回答策略

当你被问到一个问题时，很可能没有时间去思考如何回答，必须马上对此做出反应。因此，你需要了解一些通常的应对方式。

重复每个问题

重复你被问到的每一个问题，因为大多数听众可能没听到问题。没有人喜欢只听答案，而不知道问题是什么。

另外，当你重复这个问题时，也可以确认你是否正确理解了这个问题。

我很容易忘记重复每个问题，所以，我会请前排的观众在我忘记时提醒我一下。

被听众问题难倒保持自信

对有的观众问的问题，你还没有一个好的答案，就不要不懂装懂，不要道歉。你只需说："这个问题很好！"（所有的问题都很好）然后采取以下策略回应。

①坦白策略

- 我以前没遇到过这个问题，所以我得想一想。
- 我现在不知道如何回答你，我以后给你答复。

不要过于频繁使用坦白策略。2018 年，当脸书（Facebook）首席执行官马克·扎克伯格（Mark Zuckerberg）在美国参议院司法和商业委员会就隐私和客户数据的使用作情况说明时，他不下 20 次回应"我会让我的团队对此做出回复"。他过多地使用了这个策略。

②稍后再讨论策略

- 这个问题很复杂，演讲结束后我们再讨论一下。
- 这个问题不好简短地回答，演讲结束后我们再讨论一下。

如果你看到有很多人在排着队提问，你可以说：这就是为什么你想稍后再处理那些值得详细回答的问题。

③应对不确定问题策略

- 我不知道答案，但这个问题值得好好思考。

- 我一直在思考这个问题，但还没有得出结论。

④应对难题策略

- 回答这个问题远远超出了我们现今的认知。
- 回答这个问题将需要数年时间。
- 这个问题值得再三思考。
- 我希望有更多的人来回答这个问题。

准备面对不怀好意的问题

有些提问者以提问的形式发表评论，以显示他们才华横溢。

在关于故事理解的讨论中，我有时会用莎士比亚《麦克白》的一个 100 句话的梗概，来说明"创世记"故事理解系统是如何让读者通过摘要明白弑王、复仇和"惨胜"等故事情节，而这些词或其同义词实际上并未出现在梗概的 100 个句子中。

一次，一位不那么友好的听众在提问时，滔滔不绝地论述，如果不弄清伊丽莎白时代英国的政治现实，就无法理解《麦克白》。他觉得有必要以这种方式向大家说明他很熟悉莎士比亚，但实际上他的一通"高见"并没有抓住问题的重点。

通常情况下，我会用演讲结束后再讨论的策略或以下方式来回应这些评论。

①致谢策略

- 感谢你的评论，我觉得很发人深省。

②请求尊重策略

如果提问者让我发怒，我可能会选择更具攻击性的回答，特别是当我确定有观众支持我的时候：

- 出于尊重，我认为你的问题有点跑题。

这是一种带有点敌意的回答，只有当你想让别人看到你在反击，而不是转移话题才应该使用。当你回敬提问者"出于尊重"，你的意思是你没有得到应得的尊重。当你说"有点跑题"的时候，你的意思实际上是提问者已经完全跑题了。

"恕我不敬"策略

- 我不知道你是在发表评论还是在侮辱我，但不管是哪种情况，我们都要文明一点，可以私下讨论。

准备面对无人提问的情况

有时没人提问，也许是因为你讲得很清楚，无须提问；也许是因为你讲得不清楚，没人知道从何处提问；更有可能的情况是听众累了。

但你已经宣布现在是提问时间，却没有一人提问。为了应付这种情况，问自己几个问题很奏效。你只需要说："好吧，在大家思考的时候，让我问自己一个我认为很重要的问题。"如果一两个问题之后仍没有问题，你可以宣布提问时间结束，然后进行最后的致谢。

模仿优秀的演讲者

每当我看到或听到一个好的报告、讲座或演讲，我都会问自己好在哪里。如果有录像，我会再看一遍，因为我们人类是伟大的模仿者。一旦我清楚优秀的演讲具有的特征，我就会留意这些特点，最后我发现自己会很自然地将各种特点融入自己的演讲。

从优秀的演讲者那里，我学习到了如何开场和结束、采用VSN-C框架、制作幻灯片、使用道具、构建整体结构、使用手势、保持眼神交流和表达激情。如果不向优秀的演讲者学习，不刨根问底找原因，我就不可能写出很多关于如何演讲的文章。

另一方面，我学会了避免困在讲台上演讲，展示的幻灯片过多或幻灯片上的文字过多、挥舞激光笔，将手放进口袋，使用口头填充词，以及使用升调。如果不看那些差劲的演讲者，不思索原因，我不可能写出很多关于坏习惯的文章。

措辞需激动人心

优秀的演讲者能用最精彩的措辞装点他们真正伟大的思想。一旦聆听了或读了他们的演讲，你可能发现自己也会用精美的语言了。以下摘录了一些我喜欢的表达。

1775年，独立战争爆发时，帕特里克·亨利（Patrick Henry）要求立即采取行动：

> 我们的同胞们已经上战场了！我们为什么站在这里无所事事？

在"二战"初期，温斯顿·丘吉尔鼓励英国人民抵抗纳粹德国，他说：

　　因此，让我们做好准备、勇敢地承担起我们的责任，即使大英帝国及其联邦继续存在1000年，人们仍会说："这是他们最辉煌的时刻。"

　　这就是丘吉尔最著名的演讲《最光荣的时刻》，激动人心的表达变成了一种点睛之语。激动人心的表达通常使用押头韵的修辞手法，即一连串开头字母发音相同的单词紧密相连。约翰·肯尼迪总统在表达美国对自由的承诺时使用了押头韵的手法：

　　让每一个国家知道，无论他们对我们抱有善意还是恶意，我们将付出任何代价，面对任何困难，支持任何朋友，反对任何敌人，以确保自由和生存的胜利。

第三部分

教学之道

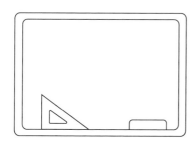

14　如何准备教学

在本章中，你将学习如何准备教学，重点学习普遍适用的教学要领和传统教学模式中的特定要求。

教学与沟通相互交融

数字化时代来临之前，人文学科的学生们通过读书、上课讨论、写论文等方式学习；科学和工程领域的学生们则通过听课、做家庭作业和习题集，以及参加考试来学习。

在数字世界，学生还可以通过其他方式接受教育，包括参与翻转课堂①和全程在线课堂。学生们会在翻转课堂上观看在线课程，这些课程 10 分钟一节，中间辅以简短的测验。学生们在课堂上探讨、辩论、做实验、解决问题或参与小组合作。当教学为全程在线形式，线下课堂就变成了在线讨论小组。

面对所有这些新形式，什么教学方式最适当呢？有的老师要求

_____

① 　翻转课堂：指重新调整课堂内外的时间，将学习的决定权从教师转移给学生。

使用领先技术，有的老师则坚持使用黑板和粉笔。有的学生喜欢现场授课；有的学生在课堂上容易睡觉，则希望在线授课。总体而言，教学方法是否合适取决于教师、学生、科目和要学习的知识。无论你根据自己情况选择哪种合适的方法，你都将从这些普适性的沟通要点中受益。本章将着重讲解这些要点。

注意普适性要点

无论你是准备进行讨论、讲座、翻转课堂还是在线教学，许多步骤都是相同的。无论你是在大学里授课还是开展公司培训，步骤也都是一样的。

确定教学目标

我曾经和一位同事谈到在教室里使用幻灯片的情况。"你用了很多幻灯片。"我说。他回答道："是啊，这样我就可以讲授更多内容。"

我心想："你不仅要考虑你想在课堂上讲些什么，还要考虑你希望你的学生们能做些什么。"也就是说，你要确定你的教学目标。

早在 1956 年，著名教育家本杰明·布卢姆（Benjamin Bloom）就担任一个委员会主席，该委员会制定了教学目标分类法。现在布卢姆的分类法经过稍许修订后，自下而上由 6 个层次组成，如图 14-1 所示。

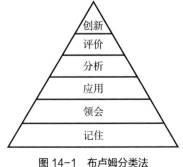

图 14-1　布卢姆分类法

　　许多老师根据布卢姆的分类法，花大量时间详细描述教学目标，认为这样可以帮助自己合理分配时间和计划考试。然而，布卢姆的分类法也招致了批评。有的人认为等级区分模糊不清；有的人则认为分类法中的前三层描述的是应该同时获得的能力，而非自下而上依次获得的能力，如图 14-2 所示。

分析	评价	创新
应用		
领会		
记住		

图 14-2　修订后的布卢姆分类法

　　因此，当你打算设定教学目标时，你可能会决定建立适合自己的、更简单的分类法。例如，你可能会主要考虑"应用"和"评价"层次，并期望"记住"、"领会"和"分析"目标会自动实现。

　　无论使用哪种分类法来帮助你分配时间和设计考试，请注意，没有任何分类法能够帮助你安排引人入胜的课堂教学。为此，你需要阅读"如何授课"。另外，布卢姆的分类法并不能使你的课堂充满激情，鼓舞人心，因此，你需要阅读"如何激励他人"。

确定目标激发学生兴趣

　　课堂的开始和结束是最重要的部分。你需要在刚上课时明确教学目标，并在课堂结束时指明你达到了教学目标。

　　通常，你的教学目标会对应布卢姆分类法的其中一个层级。在关于游戏的课堂上，你的教学目标可能是让学生了解"深蓝国际象

棋游戏"程序的工作原理（布卢姆分类法的第 2 层级：领会），或者
你的教学目标可能是让学生能够编写基本的游戏程序（布卢姆分类
法的第 3 层级：应用）。在课堂上讨论优秀的论文时，你的教学目标
是让学生更加明白一篇优秀的论文优秀在哪里（布卢姆分类法的第
5 层级：评价）。

提高学生课堂参与度

很多专业的老师都喜欢采取苏格拉底的教学模式：先让学生们
阅读材料，然后在课上讨论他们所阅读的内容。老师提问，然后学
生回答。

当我教授此类课程时，我会在阅读材料上用记号笔画满记号，
在页边做大量批注，画醒目的大问号以及标记要重复解释的要点。
这些材料上标记的地方就是我在课上会问的问题，问题解决了，那
么教学目标就实现了。

1950 年，艾伦·图灵（Alan Turing）进行了一项测试，就是后
来人们所知的图灵测试：一名测试者分别向一台计算机和一个人提
问，并且计算机回答问题的方式要尽量模仿人类习惯，测试者和被
测试者均通过打字交流；如果有超过 30% 的测试者在 5 分钟后不能
确定出被测试者是人还是机器，那么这台机器就通过了测试，并被
认为具有聪明才智。

我在图灵的论文复印件上做满标记，并从中筛选了一些问题以
供课堂提问。

- 你是否认为通过图灵测试的机器就一定具有人类智能？

- 使用你能想到的所有论据来支持或反对某一立场，这样总是最好的吗？
- 你如何看待计算机只能执行编程设定的命令这一论点？
- 为什么图灵相信超感知觉？

在以讨论为主的课堂上，重点围绕提出问题和探求答案，但无论是在讨论还是老师讲课时，提出好的问题都有助于学生更好地参与课堂。在"如何授课"一节中，你将学习如何提问以引起学生的兴趣。

用重要观点展现全局

儿童 LOGO 编程语言的发明者西摩·佩珀特鼓励人们树立全局意识，专注于提炼重要观点。通过这种方法，他成功让自己身边的人，不管是孩子还是同事，都变得更为聪明。你也可以教你的学生，从教学材料中提炼出应用广泛的重要观点，从而使他们变得更加聪慧。

我努力践行以上方法，在上课前把重要观点写在黑板上，用大大的金色星星做标记。例如，当我讲人际博弈程序时，就使用两个金星标注了重要观点：快速失败原则和任意时间算法。

快速失败原则要求程序一直探索最佳运行方式。任意时间算法具有实时求解的特性，但如果时间允许，我会给出更为精确的解释。

当你进行分析、评价和创新工作时，重要观点十分必要。因此，对重要观点展开讨论，可以帮助学生获得布卢姆分类法最高层级的三种能力。

重视班级规模

班级规模会决定教师的授课形式。如果学生只有 1 ~ 5 人，你可以在课上与学生进行对话；如果学生人数达到了 5 ~ 25 人，你可以讨论指定的阅读材料。备课时重点阅读文章，外加一两个小时思考要问的问题。如果我以前上过这门课，我会再看一遍文章，然后花一个小时复习和更新知识点。

如果你的班级规模太大而无法展开讨论，或者该主题不适合讨论，那么你应进行讲课。如果学生人数超过 70，你的课堂将变成剧场而你就是表演者。此时，你不仅仅是一名教师，还是一位备受瞩目的名人。台下坐满了学生，并期待你已根据班级规模做好了相应的准备。

做好准备面对尴尬时刻

有些社会阅历不深的人可能会故意难为你。比如发表有关性别歧视、种族主义或仇外的言论，或是在演示时出其不意地引入一个低俗的话题。你需要提前准备应对措施，因为当这种尴尬的事情发生时，是没有时间再去临场思考的。以下是一些应对攻略：

- 我相信你并非有意冒犯，但你要知道，我们大家都觉得这样的言论非常无礼。
- 你一定知道我会觉得那句话很无礼。我认为你应该反省一下你刚才的所作所为，避免以后说出类似的话。

- 我认为你有意冒犯我，因为在那种正式的情况下是不可能犯这种低级错误的。

极端情况下，你可以采取终极措施，要求冒犯者离场。如果冒犯者拒绝离场，那么你可以离场。

授课准备包括更多步骤

反思学习成果，确定教学目标，课上提问和总结核心观点将惠及各类课堂。至于做讲座，尤其是大规模讲座，通常需要更多准备。

预留充足的准备时间

我每堂课从零开始准备所需时间为平均 20 个小时。同事们则反映他们的准备时间有多有少。如果内容特别难，那么准备时间会多点，如果在上课时使用笔记或幻灯片，那么准备时间就相对少一点。

演示准备又是另一回事。要做演示的话，我通常需要额外一周的时间来准备，因为我的演示通常是我自己编写的程序。

我偶尔也会找找捷径。如果我想教授一个新知识，而我的一个朋友正好是这方面的专家，我就会请他来上一两次课。我会拼命记笔记。然后我的任务就是用自己的方式重述该授课内容，比如在开篇确立新的教学目标，调整示例，更加明确地解释难点，并且换一种方式总结。这样做通常可以将平均准备时间缩短到 10 小时。

我有时也会看看其他人的教材或学习线上课程，这样也可以缩短准备时间，但这并不会缩短太多时间，因为那些材料通常不是以 50 分钟的授课时间单位来制作的。

如果我之前已经上过几次课，那么我在备课时就只需要稍做复习、更新知识点以及演练讲课即可。

当然，如果你正教授多个科目，你就不可能花上 20 个小时的时间来准备一堂课。你可以向教材出版社寻求帮助。对于选课人数较多的科目，出版社会提供各种提纲、笔记和幻灯片。你需要做的就是结合具体授课内容增加或者删除部分幻灯片，删除多余的文字，并计划好何时用幻灯片，何时用黑板。

选择恰当示例

备课涉及基本概念时，应寻找示例来阐明这些概念。我会使用一些经典示例，改编一些其他示例，再自己设计一些示例。

阐述这些案例经常会涉及绘制图表，因为人类不仅喜欢用耳和嘴来接收、传输信息，还善于用眼睛来观察问题。例如，在一次关于搜索程序的课程中，我谈到了如何找到一条从城市 S 到城市 G 的路径，并绘制了相关示意图，如图 14-3 所示。

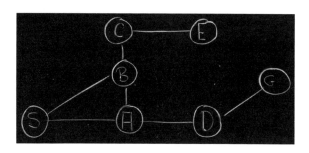

图 14-3　从城市 S 到城市 G 的路径示意图

我指出这个例子非常简单，我可以很容易地勾画出所有可能路径。然后，将这些路径作为讨论各种搜索技术的基础，如深度优先搜索和广度优先搜索，如图 14-4 所示。

深度优先搜索是对每一个可能的分支路径深入到不能再深入为止，而且每个节点只能访问一次。广度优先搜索则是系统地展开并检查图中的所有节点，以找寻结果。

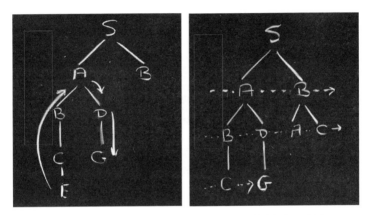

图 14-4　深度优先搜索（左）与广度优先搜索（右）示意图

在描述了这两种搜索算法之后，我将继续阐明寻找最短路径的各种搜索方式。

拟定教案提纲

一旦你确定好了要讲的概念、示例和数学原理（如果有的话），那么你就差不多完成了备课。这时，你就可以通过拟定一份提纲来决定讲课的顺序。我习惯于采用碎纹导图式提纲，如图 14-5 所示。

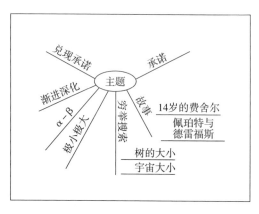

图 14-5　讲授游戏程序课堂的初始提纲

　　在接下来的备课中，我做了些许调整并添加了些细节，包括教学目标、如何实现目标及核心观点，如图 14-6 所示。

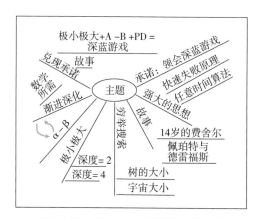

图 14-6　讲授游戏程序课堂的最终提纲

课前进行演练

在我的人工智能课程中，我通常为 350 ～ 400 名学生授课，这样一来，我的课堂就完全与剧场没有区别。就像我不会在没有演练的情况下就在《麦克白》中扮演主角一样，我也不会未经演练就走进一个大讲堂授课。

非常幸运的是，我的课是在上午 10 点，而在我上课的斯塔塔中心（Stata Center），内有巨大的黑板。我会在早上 7 点，大多数学生醒来之前，在这些黑板前进行最后一次演练。

演练时我不是按实际的进度进行的，有的资料我看得比实际的快。其他的材料我会盯着看好几分钟，自言自语，想清楚该如何表述，常常是我之前没有想到的更清晰的表述。如果涉及数学知识或者这个示例很复杂，我就把它写下来，再擦掉，然后再做一遍，以确保该知识点烂熟于心。

我还计划在某些地方用彩色粉笔以增加图画清晰度。当我使用上下滑动的黑板时，我会策划好如何安排图画位置。

最终的结果是，我不费吹灰之力就记住了授课内容。当然，我并不是每个字都记得清清楚楚，我的意思是我可以不参考笔记就能讲课。当然，保险起见，我会随身携带演练时所拍的黑板照，不过这些照片已经好几年没派上用场了。

排练完后，我会把黑板拍下来，以备将来参考。之后，当我在准备之前上过的课时，我会回顾一下去年排练时所拍的照片，把用得着的内容写在今年的演练黑板上，当然我通常会做些改进。

15　如何授课

在本章中，你将学习讲课前应陈述教学目标。你还将了解相对于幻灯片而言，使用黑板讲课的优点，以及禁止使用手机和笔记本电脑的原因。最后，你将学会在讲课结束时反思是否达到教学目标。

线上授课仍受欢迎

线上授课具有明显的优势。因为课程无须在一个规定时间段进行。

学生可以加快播放速度，反复听他们没有完全理解的部分，从而在翻转课堂上花更多的时间。

因为我的很多课程都是线上形式的，我很疑惑为什么学生们还是会来听我的现场授课。一些学生告诉我，他们看过我的线上课程后，还是决定来现场感受一下课堂氛围。

也许这是一种社会现象。也许现场听课有一种神秘而特别的感觉，就像你去看戏或听音乐会时那种难以言表的享受。

课前呈现教学目标

每个来听你讲课的人都想知道你的课程是否值得。因此，你需要说服所有人，让他们愿意与你认真共度一小时的课堂时间，而不是在下面阅读电子邮件，给朋友们发短信，或玩手机。也就是说，你需要向所有听众先呈现教学目标。

教学目标有多种形式。如果学生有能力自己解决问题或能在考试中取得好成绩，他们会感到有收获。如果学者们能从新的角度来看待一个问题，他们会感到有收获。如果选民们听到了当选者正是自己投票的人，如果投资者知道新的赚钱方法，那么他们也会感到有收获。如果他们所学到的东西可以很好地成为晚餐的谈资，那么他们也会感到有收获。

在上课刚开始的 5 分钟内，你需要立刻明确你的教学目标。

利用提纲呈现教学目标

呈现教学目标，你可以先在黑板上写下这节课的计划，这样做的好处是可以提醒学生们课堂马上开始，并且也可以帮助你列出教学目标。教学目标提纲列好后，就表明大家该保持安静，放下手机，关掉电脑，不要再发信息和阅读电子邮件了。

图 15-1 是我为我的人工智能课程的第一堂课准备的提纲，包含了一个目标，即每个学生在此堂课中要掌握的人工智能知识。

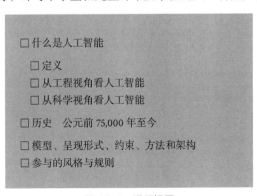

□ 什么是人工智能

　□ 定义
　□ 从工程视角看人工智能
　□ 从科学视角看人工智能

□ 历史　公元前 75,000 年至今

□ 模型、呈现形式、约束、方法和架构
□ 参与的风格与规则

图 15-1　课程提纲

通过系统演示表达教学目标

要表达教学目标，你可以呈现一个便于理解的系统。在我的人工智能课程中，有一节课是关于如何搜索从一个地方到另一个地方的路径。我指出搜索无处不在。除了搜索从一个城市到另一座城市的路径，还需要解决出现的问题，分配资源以及处理不同的情境。

我用了一个例子来举例说明这种方法。给美国地图上色时，我们给有共同边界的州标上不同的颜色，这样就显得一目了然。然后，在最初几分钟，我演示了一个搜索程序，该程序找到了只使用红色、绿色、黄色和蓝色给所有州标上颜色的方法。

我指出没有人愿意等程序完成着色，因为搜索颜色程序过于死板，且仅是完成这一简单程序就需要1000多年。

但是，我向学生承诺，一小时后，他们就可以学会如何编写一个程序，并且可以编程在几秒钟内完成这项着色任务。如果学生对人工智能产生了兴趣，那就达到了教学目标。

利用好黑板

当麻省理工学院的学生们提供教学反馈时，他们希望老师可以多使用板书，少使用幻灯片。

当教师使用黑板或白板上课时，他们写下知识点的速度正好能让学生接受。学生们不仅看到了板书，同时也有时间自己思考。这个过程正如电气工程师所说的阻抗匹配良好。

黑板更胜一筹不仅仅是因为知识点的出现速度适合学生消化理解。还有一个原因与镜像神经元有关，当我们做某件事或当我们看到别人做同样的事时，我们大脑中的神经元会十分活跃。

镜像神经元的用途仍然是谜，争议颇多。但很明显，看着某人写字与在幻灯片上看到同样的文字是大不相同的。在某种程度上，当我们看到有人写字时，我们会移情感到自己也在写字；而当我们看到已经写好的东西时，我们并不会有太多感触。

黑板和白板哪个更好？我个人更喜欢黑板。我喜欢粉笔拿在手中的感觉，也喜欢用它在黑板上书写的质感。我不喜欢白板和马克笔，它们让我觉得靠不住，字迹毫无生机，散发着难闻的气味，而且似乎墨水总是在不合时宜的时候就用完了。

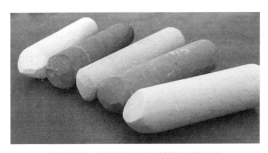

图 15-2　粉笔依旧是很棒的教学工具

与平板电脑投影相比，我也更喜欢使用黑板。这可能是因为在大教室里操作平板电脑对听者的运动神经元几乎没有刺激。

当我问那些只用幻灯片授课的同事为什么要这么做时，他们说这是因为这样可以涵盖更多的教学内容。

他们搞错了，涵盖更多的教学内容和教授更多的知识并不是一回事。

对于这些老师来说，如果一张幻灯片不够用，可以调小字体。如果 25 张幻灯片都不够用，那就再多加几张，上课时拉快进度总能讲完。

有了幻灯片，讲课变得更加容易了，尤其是当你只是去教室，照着屏幕大声地机械朗读幻灯片时。然后，你把所有的幻灯片上传到网上，纳闷学生怎么不再来上课了。这是因为学生们可以在线上阅读幻灯片，而不再需要去教室听你读给他们听。

我这里反对使用幻灯片是针对大学教学而言。而大多数企业培训的目的是为了展示观点，而不是为了应试。幻灯片非常适合用来展示观点。

使用正体大写字母板书，勿写草书

我在小学时下了很多功夫练习草书。遗憾的是，我的草书并没有出师。相反，我的正体大写板书更便于阅读。可能你也如此吧。

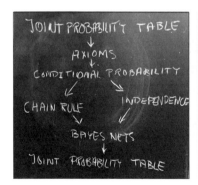

图 15-3　正体大写板书比草书更明了易读

使用幻灯片调剂

虽然我主要是在黑板上写板书，但我也使用幻灯片调剂。尤其是在课堂开始要列出教学目标，以及在课堂快结束我要核对教学目标是否达成时，我都会使用幻灯片。

IBM（国际商用机器公司）的深蓝国际象棋程序曾在历史上首次击败人类冠军。当我开始讲授此程序时，我提及了 20 世纪 60 年代末休伯特·德赖弗斯（Hubert Dreyfus，反方）和西摩·佩珀特（正方）的一场著名辩论：是否可以让计算机达到象棋世界冠军的水平？

然后，在学生们已经了解深蓝国际象棋的基本原理后，我在下课前讲述了 1963 年 14 岁的博比·费希尔（Bobby Fischer）和大师罗伯特·伯恩（Robert Byrne）之间的著名比赛，最后费希尔牺牲了女王棋险胜。

深蓝程序只有升级到 21 代系统后才能明白女王棋牺牲的意义，而将该程序升级到 21 代系统需要大约 50 年的时间。

慎用教材出版商提供的幻灯片

有些出版商教材发行量巨大，他们还会为繁忙的教师提供教学资源。这些资源通常包括试卷、作业和课程幻灯片。

出版商能够提供幻灯片从而免去了备课的烦恼，这听起来很棒，但这些幻灯片可不像你想象的那样省事。我有一次打开了一份幻灯片，里面主要内容是一本使用非常广泛的计算机科学教材的其中一章。幻灯片一共有 78 页，其中 4 张都是从教材里复制过来的插图，并且这些插图不是很清晰，而其余部分都很枯燥乏味。

如果你忙得不可开交，没时间自己备课，不得不用这些幻灯片时，请一定要挤出时间删减这里面的多余内容。

文字出版公司提供的冗长的幻灯片适合用于阅读，若你上课时朗读幻灯片，只会让学生打瞌睡或者走神。没有学生能边听你讲课边阅读幻灯片，那样你不用上课了，只需安排助教在规定的时间内静静地播放完幻灯片就行。

如果你计划在课后将幻灯片发给学生们学习，但你的幻灯片内容可能还不够充分，你就可以把出版社提供的文字版幻灯片发给学生学习，课堂上使用你修改后的简洁版幻灯片。如图 15-4 所示，在使用描述性文字幻灯片资源时，要进行快速修改，删除冗余内容。在修改时将幻灯片文本设置为逐行出现的形式，这样就能专注于每一行的内容。

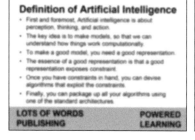

图 15-4　精简前后的幻灯片

提问学生调动课堂参与

在备课时，应该设计一系列有趣的问题以提高学生的参与度。

使用"侏儒怪"策略

如果你问学生："2+2 是多少？"你只会发现他们面无表情，或者极力回避你的视线。因为学生觉得这问题太过简单，真要回答这么简单的问题显得很愚蠢。如果你问的问题太难，学生们的反应也是类似的。

如果你问了一个难度适中的问题，你仍然可能得不到任何回应，学生们还是面无表情，或者极力回避你的视线，这是因为有些学生害怕回答错误被他人嘲笑，而有些学生不想被别人觉得在讨好老师，还有些学生则生性腼腆。

然而，有一些简单的方法可以确保你得到学生的回应。一是记住学生的名字，然后你可以问："那么，某某同学，你是怎么想的？"

我称其为"侏儒怪"策略，这个名字很容易让我们回想起那个童话故事。该故事讲述的是一个磨坊主的女儿通过知道了侏儒怪的名字而获得了他的力量。如果你知道学生的名字，你也将获得某种力量。使用这种策略你会发现：学生们不会再逃避视线了，因为他们很快就会知道，越是逃避视线就越会被老师点名回答问题。

我用带学生姓名、照片的卡片记忆学生的名字，借用此方法，我可以轻松记下 50 名学生的名字。而在一个拥有数百名学生的大型课堂中，我通常会尽力记住大约 80% 的学生的姓名。当我在校园碰到学生打招呼并能准确叫出他的名字时，学生会感到受宠若惊，并且有可能之后在课堂上表现得更加积极。

在商学院，除了记住学生的名字外，更常见的做法是让学生佩戴名字牌去上课。

使用"问题—投票"策略

另一种促进学生参与课堂的方法是提出一个有趣的问题并进行投票。我的同事罗闻全（Andrew Lo）是一位杰出的金融经济学家，也是一位优秀的教师，他喜欢提出以下问题：图 15–5 显示了 18 年间

投资 1 美元在 4 种资产中的收益；此图为 A、B、C 和 D 过去的资产
绩效，根据过往的资产绩效，你现在会选择哪一个？

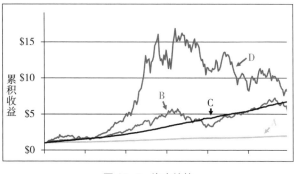

图 15-5　资产绩效

"谁会投资资产 A？"罗老师问，然后继续问谁会投资资产 B、
C 或 D。几乎所有的学生都会参与其中，并且几乎所有人都选择了
投资资产 C，理由是它的年回报率约为 10%，并且相对稳定，无须
担忧。

实际上，资产 A 是美国国库券，资产 B 是美国股票市场，资
产 D 是辉瑞制药公司。唉，很可惜，选择最多的是的资产 C，是参
与伯尼·麦道夫·庞氏（Bernie Madoff Ponzi）骗局的基金之一。麦
道夫诈骗案最终骗取了数千名投资者数十亿美元的资金。在罗闻全
的著作《适应性市场：以思想的速度发展金融》（*Adaptive Markets:
Financial Evolution at the Speed of Thought*）中，他描述了这一切是
如何发生的。罗老师指出，任何好得难以置信的事物实际上并不存
在。1990 年投资于资产 C 的 1 美元到 2008 年 10 月已涨至 6 美元多，
一个月后，麦道夫被捕，仍在其基金中的投资变得一文不值。

图上的时间轴没有标记，学生们不知道时间是 2008 年全球金融危机结束时，他们倾向于选择资产 C。

学生全员参与

时刻提醒自己要调动所有学生参与讨论。否则，一个 25 人的班级可能就只有三四个人参与讨论了。

鼓励学生争辩

在上课时（尤其是在小规模班级里），你可以换种方式来提出谜题，开展投票，让学生们一起来解决问题。一旦学生们都开始发表自己的观点，班级也就活跃起来了。一些学生会开始手舞足蹈，一些则绘制图表，讨论中经常会爆发争辩。

学生使用电子设备投票

一些教师喜欢给学生配备点击器，这样学生只用按点击器就能回答问题。然后，教师可以立即查看投票结果，有时候也会在屏幕上显示结果。如果有很多学生答错了，教师会更加关注该问题并详细解释，或者邀请做出正确答案的学生来讲解，从而帮助其他学生弄明白。

使用点击器投票的优点很明显，有些害羞的学生会担心自己选错了被嘲笑，点击器使他们不再担心。它的另一个优点是，那些选择使用点击器的老师，必须构思出有趣的、有深度的问题来激发学生参与。

鼓励学生记笔记，提高课堂参与度

学生坐在教室里，被动地听着老师口若悬河，往往会越来越困，且频频走神。我告诉我的学生可以通过做笔记来克服困倦和分心。他们不必在课后再看笔记，只需要记下课堂内容的核心观点，画出图表，因为在记笔记时，你必须运用你的符号能力和感知能力，这样一来就不得不集中注意力。

禁止学生使用手机、笔记本电脑等导致分心的设备

当我在麻省理工学院读本科时，我的电路理论老师是阿玛尔·博世（Amar Bose）教授，他后来创立了博世（Bose）公司。那时能经常看到电气工程专业的大二学生坐在双人桌后，桌上还摆着印有彩色图案的烟灰缸，此情此景放到今天简直难以置信。

每当老师宣布要进行一个测验或讲一个特别老套的笑话时，学生们常常发出嘶嘶声。博世老师很讨厌这种行为，他认为这是一种侮辱。于是上课的第一天，他就宣布不允许发出嘶嘶声。

几周后，仍有学生上课时发出嘶嘶声。博世老师要求发出嘶嘶声的同学必须离开教室，于是那名学生离开了。上过一两节课后，刚上课就有人再次发出嘶嘶声，但是这次无人站出来承认。于是博世离开了，那堂课直接取消。知情者和坐在捣乱者身边的同学都自发抵制这名捣乱的同学，并让他难堪。自此之后再也没有人在博世教授的课堂上捣乱了。

我们都知道博世教授尊重学生，因为他在教学上兢兢业业。学生们也尊重他，因为他绝不容忍他认为无礼的行为。由此可见，相

互尊重才能成就良好教育。

受博世教授的启发，我也不允许学生在我讲课时使用手机或笔记本电脑。这些东西会分散学生的注意力，研究表明这些东西也会分散周围人的注意力。此外，这也会扰乱我的思绪，降低我讲课的质量，最终影响到课上的每一个人。

兑现教学目标

如果你想让每个人都认为你的课有价值，那就得实现你的教学目标。

展示成果

你可以通过演示来汇报你的教学成果。例如，新的程序只需几秒钟就能用 4 种不同的颜色标出所有州，并且接壤的州的颜色不同。

通过演示，你证明你已经达到教学目标："好了，这就是我今天讲的内容。过去需要数千年才能完成的搜索任务，现在你们学会了编写一个搜索程序在几秒钟内就能完成搜索。"

讲授故事

唐纳德·萨多威（Donald Sadoway）教师讲授固体化学概论与我讲授的人工智能课程是在同一教室上课。他的课比我早一个小时，所以我有机会在他下课前 5 分钟去听一听。

萨多威总是以一个故事来结束他的课堂。例如，他在 DNA 结构课程最后，讲述了罗莎琳德·富兰克林（Rosalind Franklin）因受到性别歧视和早逝而失去了因有助于确定 DNA 结构而共同获得诺贝尔奖的机会——DNA 结构是 20 世纪最伟大的科学成就之一。

展现教师责任心

多年来，沃尔特·列文（Walter Lewin）一直在讲授经典力学，他在麻省理工学院的教学表现也总是备受赞赏。列文经常在课程最后给学生们做演示，如图 15-6 所示。

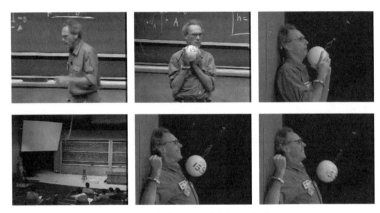

图 15-6　沃尔特·列文教授演示能量守恒

在 1999 年的一次讲课中，列文将自己的生命置之度外，以此证明能量守恒定律。列文将大钢球连接到安装在天花板上的铁丝上，由于能量守恒作用，大钢球在摆出后再摆回原点时并不会撞碎他的头。

而在更早之前，我讲授经典力学课程时，艾伦·拉扎勒斯（Alan Lazarus）也做了同样的演示，直到现在依旧令我记忆深刻。看到他们这么做，你不禁会想："是的，他确实对此深信不疑。"

（警告：请不要在家里尝试这种实验，因为即使是物理老师有时也会冲动地去推球。球被注入了额外的能量后，返回时会对实验者造成严重伤害。）

开个玩笑调节气氛

教学目标实现后，你可以说些轻松的内容来调节你的课堂氛围，尤其是在讲课内容很难的情况下，这是个很好的方法。

有一次，我和我的朋友道格拉斯·莱纳特（Douglas Lenat）一起喝酒，他是 Cycorp 的创始人，也是一位出色的演说家。我问他："作为一名演讲者，是什么让你如此受人敬佩？"

"这个呀，"他说，"我总是以一个笑话结束我的演讲，这样会让所有观众都觉得他们全程都很开心。"

16　如何激励他人

在本章中，你将学习对待不同类型学生的各种激励措施。重点是，你将学到激励教学中激情的重要性。

采用多种激励方式

几年前，当时的系主任阿南塔·钱德拉卡桑（Anantha Chandrakasan）让我和工程学院新来的教员谈谈如何授课。我欣然答应，然后他嘱咐我告诉他们如何激励学生。

我研究如何讲课已经很长时间了，我对如何开始和结束讲课，以及讲课过程中所包含的一切都了如指掌。但不知为何，我从来没有具体想过如何激励学生。

我决定多方了解一下。我找到了一些新生、本科生老生、研究生，还有一些初级教师和资深教师，询问他们谁激励过他们，又是如何激励的。

很快我就得到了几种不同的回复。新生们提到了高中老师鼓励他们去做那些他们从未想过自己能做成的事情，这让他们信心倍增。资深教员则认为，那些给他们提供全新视角看待问题的人让他们受到了激励。还有一些人表示很钦佩在灾难面前依旧十分乐观的人。

明斯基将很多单词都称作"手提箱单词"（也就是多义词），我知道"激励"一词就是其中一个。每个手提箱单词都代表许多含义，就像一个大手提箱几乎可以容纳所有物品一样。比如"激励""智力""创造力""情感"这些词都包含了多层意义。

所以，当你和人们谈论对激励的看法时，说法也是五花八门的。但尽管如此，大多数人都同意激励有一个特点：当人们对自己所做的事情充满热情时，他就会受到激励。

用激情感染激情

我从麻省理工学院电子工程专业本科毕业时，我不知道将来想干什么。我就接着读了研究生，却依旧不明白自己读研的意义，而我父亲则阴沉地嘀咕着法学院的事。

然后，一个朋友拉我去听马文·明斯基的一个讲座。讲座介绍了一个由詹姆斯·斯拉格（James R. Slagle）编写的程序，这个程序解决微积分问题的方式跟麻省理工学院的新生解决这些问题的方式差不多。

图 16-1　明斯基 1968 年在通用汽车研究实验室演讲

虽然讲座内容并不是非常明晰，也不是那么有条理，也没有人将其实践过，但很显然，他对计算机可以进行高级数学运算的想法充满激情。我走出报告厅时对我的朋友说："我想做他做的事。"他的激情感染了我。

尽情展现激情

如何让你的学生了解你对教学充满热情？一种方法就是明确地告诉他们：

你看，这个程序告诉我们《麦克白》是关于"复仇"和"惨胜"的故事，还有什么比这更爽的呢！

因此，这个程序可以用"手提箱"式词汇来描述，即有自我意识的程序。真的太有意思了，简直无法言喻！

毫无疑问，你的 DNA 有 99% 和黑猩猩的一样。同样我也告诉你，这余下的 1% 一定很重要！

1937 年，纳粹德国和法西斯意大利的轰炸机摧毁了西班牙北部的巴斯克村庄，毕加索因此愤而作画《格尔尼卡》。人人都能从这幅画中感受到强烈的反战信息！

语言的力量很强大，肯尼迪所讲的话威力无比。1962 年，他说我们将在 10 年内登上月球，我们做到了！太伟大了！它鼓舞了整个国家！也鼓舞了我！

但是如果你对所教的东西并没有热情呢？也许一些内容本来就十分无趣，但每个人都必须学习了解这些内容。如果是这样，你最好不要讲出来。因为告诉学生你教的一些知识很无趣，后果会很严重。

一位非常受人尊敬且工作效率很高的同事对我说："你知道的，我要教的有些知识真的很无聊。在我上课之前，我得先做一个小时的心理准备，反复说服自己这些知识很有趣，这样我至少可以去上课，并假装告诉学生这些知识很有趣。"

同样很受人尊敬且工作效率也很高的另一位同事告诉我，她花了很多时间研究有趣的隐喻，因为有趣的隐喻可以使无趣的材料变得有意思起来。

第四部分

写作之道

17　如何让写作明白易懂

在本章中，你将了解一些关键要素，吸引经验丰富的读者阅读你的作品，帮助所有读者理解你所讲述的内容。你也将学到写作应该注意的关键要素。

采用启发式阅读

有些人的阅读范围似乎相当广泛。合成生物学的奠基人之一托马斯·奈特（Thomas Knight）就是如此，不管是在生物学方面，甚至是在很窄的领域，都拥有大量文献。

"汤姆，"我说，"你好像什么书都看，你是怎么有这么多时间的呢？"

"哦，"他说，"我只是看看插图，读读图片说明而已。"

他解释说，如果一篇论文包含了重要的观点，作者一定会采用插图来说明，虽不一定是作者有意为之，但一般会如此。然后，如果观点十分重要，汤姆则会更仔细地阅读论文。

每个人都必须想办法从论文里明显的线索中了解它的主要思想。你没有时间阅读完一篇论文，除非它里面陈述的观点对你非常之重要。

作者忌孤芳自赏

　　作者明白自己想要表达的是什么，因此他们从未想过会有遗漏之处，表达不清和缺乏吸引力等问题。当同事和学生阅读他们的论文时，他们也能很好地理解论文主题，所以他们就会觉得文章内容完整、条理清晰且可以激发读者兴趣。

　　读这样的论文令读者灰心丧气，因为读者需要将所有结论整合起来——如果有结论的话，而这些结论通常很不明晰。

阅读透过现象看本质

　　由于阅读材料很多，而且大部分内容都写得不好，因此必须学会如何快速解读精华内容。

阅读摘要

　　好的摘要会告诉你论文的主要内容。然而遗憾的是，许多摘要写得不怎么样。

阅读引言

　　在许多论文中，引言仅是逐字重复摘要内容。而好的论文中，引言会扩展摘要中介绍的内容，这些详细信息则可帮助你决定是否进一步阅读。

查看结论

　　许多作者以结论部分结尾，如果是这样的话，读者要足够幸运才能通过结尾知道这篇论文的内容和成果。如果一个作者明智地以一个标题为成果的章节作为结尾，那么这个作者就可能读过本书有关成果展示的章节。

留意章节标题

有的作者写的章节标题启发性强，且句子完整。我在一篇论文中使用了以下示例，该论文描述了一种程序，能将故事视为相互关联的事件，与另一个将故事视为词汇堆砌的程序相比，前者能更好地对故事进行概述。

> 愿景目标：只有理解了故事才能写出好的概要
>
> "创世记"系统模拟了人类对故事的理解
>
> "创世记"系统可以提供高质量的故事概要

有的作者使用空洞的标题，仅起到隔开的作用：

> 引言
>
> 结论

这样的章节标题浪费了能让读者解读文章的良机。

请注意，有些领域已经采用标准化的章节标题，比如"方法""结果""讨论"。

查看插图与配文

奈特说得对，插图和说明文字可以展示基本内容。图 17-1 的例子来自奈特合著的论文《无定形计算》(*Amorphous Computing*)，并配以说明字：如果不存在输入阻隔，聚合酶记录输出蛋白质的基因并使其合成。如果输入阻隔存在，则不合成输出蛋白质。

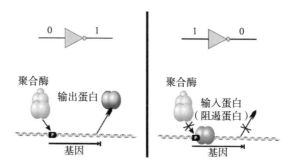

图 17-1　生物逆变器的两种理想情况

查看列表

列表会吸引读者注意。列表之所以有价值，是因为它们可以帮助读者找到以下基本要素：

- 就像这份列表一样清晰陈列出来的备选方案。
- 明确阐述作者的实施步骤。
- 明确阐述作者希望读者所能采取的实施步骤。
- 明确将要做些什么。
- 明确概述读者需要了解或做的事情。
- 明确阐述成果的概要。

适度使用项目符号列表，以便让读者眼前一亮。使用太多项目符号列表会让读者麻木厌倦。

有些作者不喜欢这种列表，从不在写作中使用，他们更喜欢用"首先，……其次，……再次"这种形式来列举。这类作者指出，项目符号列表至少有两个问题：第一，有些读者觉得该列表不美观；第二，当内容超过一行或一句时，项目符号列表看起来尤其丑陋。

查看引文

你会了解到在作者的研究领域，谁被作者所引用。这就是为什么我不愿用脚注。要弄清楚被引用者，你必须查看参考书目，这非常耗费时间，也容易分散注意力。大家通常过度使用脚注。最好不要这样做，因为读者在阅读脚注时，还要判断是否需要阅读这些并非那么重要，不足以包含在正文中的内容。可能大多数脚注都是最后一刻加上的评论。

引用时应该使用名字，这样读者就知道你引用的内容是谁的，还需标明年份，这样读者就知道你引用的作品是什么时候出版的。

塔夫特的《定量信息的视觉显示》很独特地把每一个引用完整地标注在书边缘的空白处。他的做法很值得推荐，因为读者可以马上知道引用文章的标题、作者及出版年份。

阅读总结段落并浏览主题句

一些作者知道他们写的内容很难，因此在每节末尾都附上简短的概要以表示关照。西蒙·乌尔曼（Shimon Ullman）1996 年的著作《高水平视觉》（*High Level Vision*）里有很多有用的概要，例如第293 页：

总之，在应用可视化例行程序的过程中，转移处理焦点的一种方法是，首先提取场景中有特色的一组位置，然后将处理焦点移向其中的一个位置……

另一方面，你应该记住在高中时学到的一条铁律：大多数段落都以一个主题句开篇，告知段落的主要内容。这样的作者很值得尊敬，因为主题句利于浏览文章。

给读者提供明确线索

一旦你知道经验丰富的读者会如何阅读你的作品，你就得提供他们想要的东西，比如形象生动的插图和说明文字、具有启发性的章节标题、信息丰富的引文、为读者考虑周到的列表和概要段落。

你一定要在摘要和引言中概述你的研究或工作内容，特别注意在"如何说服他人"中讨论过的几大要点——愿景目标、实施步骤、近期进展和成果展示。为了使表达更加清晰明确，你应将引言部分替换为愿景目标、实施步骤、近期进展这三个部分，并将结论部分替换为成果展示。

按照上述要求完成写作后，让你的朋友读一读你的作品。邀请一位对你的工作并不太熟悉的朋友，你朋友会认为你的作品内容完整、条理清晰，可以激发读者的兴趣。

18　如何组织写作内容

在本章中，你将学习一个总体写作策略，帮助你专注于自己的

成果。本章以"如何拟定提纲"中的提纲和"如何说服他人"中的
说服力为重点，将更详细地介绍如何撰写每个标准部分。

先写成果展示部分

你的论文应该以题为"成果展示"的部分结尾。如果你想不出
有什么成果，那就证明你根本没有准备好写这篇论文。

不要将最后一段命名为结论。你需要读者知道你的研究成果
而不仅仅是观察结果。正确的标题会迫使你写出标题所规定的内
容，并且帮助读者看到你的成果。有关详细信息，请见"如何撰写
结尾"。

根据需要准备插图

有些作者在写作前就准备好了插图。这样一来，大部分的文字
仅仅解释了插图中的内容。

根据需要添加内容

很多领域都有目标群体期望的标准。

例如，在一篇研究论文中，你需要讨论相关工作。为了让读者明
白你已经尽到了自己的责任，你应该添加一个部分，标题如下：

- 相关工作：解释其他人的工作，特别说明你对哪些人的工作
  进行了拓展，哪些人的工作给了你启发。尤其当与其他看似

相同的工作相比较时，应重点突出你工作的创新之处。

同样，许多领域的期望最好通过以下部分来呈现，例如：

- 目标：提出一个目标，说明它的重要性，并详细说明你将如何检验是否成功达到目标。
- 时间和原因：描述你的方法何时起作用以及为什么起作用，还需描述它什么时候不起作用以及为什么不起作用，以便告知日后的研究人员。
- 假设：提出一个假设，指出它的有趣之处，并详细说明你将如何验证你的假设。

在实验科学中，通用标准通常包括：

- 方法：详细描述实验的步骤，以便其他人可以复制实验过程并检验结果。许多读者会略读或跳过这一节。
- 结果：通常以表格和图表的形式描述进展，但不做任何评论。读者可以得出自己的结论。
- 讨论：表达你的观点，将你的研究放在一个更大的背景中，还可以建议下一项实施计划。

如果你正在为风险资本家撰写商业计划书，那么你很可能需要如下部分：

- 机遇：详细说明你正在解决的问题，客户看重你的解决方案的原因，有多少客户会出资、出资多少。

- 为什么是现在：详细说明因为有了新技术，机遇出现，但由
  于大公司惰性大，没能抓住机会。
- 选择我们的原因：解释是什么让你们与众不同，比如可能是
  因为你们亲自研究出了一项新技术，从而解决了人们本愿意
  出资解决的问题。
- 竞争壁垒：介绍你的专利、商业机密、蓝本或其他让别人难
  以与你竞争的优势。
- 核心人员：介绍你和你们团队积累下的经验，重点介绍过去
  的成功经验以及你的未来计划。

如果你正在撰写一份关于研究小组工作的报告，旨在为赞助者
提供建议，报告可能需要包含以下几个部分：

- 执行摘要：写 1 ~ 2 页，供那些太忙而无法阅读整个报告的
  高管阅读。
- 赞助方指示：赞助者的指示，有时称为职权范围，通常包括
  一系列问题。
- 成员：介绍参与研究的人员。
- 此部分反映指示中给出的每个问题，每一项都要包括调查结果。
- 建议：建议你的赞助者应该采取的行动。

根据需要，回顾前期工作

有些读者想先了解你的工作成果，但是有些读者希望你先讨论

前期工作，让他们确信你了解你的研究领域，并且是在此基础上进行后续研究。

　　描述前期工作，究竟放在前面还是放在后面，一个折中办法是在你的愿景目标部分加入一段话，可以这样开始："在过去的 n 年里，开展了很多相关的工作。特别是这里报告的工作 a、b 和 c 是受到 x、y 和 z 工作的启发，并建立在 x、y 和 z 工作的基础上。在倒数第二部分，即标记为前期工作的部分，我详细回顾了 x、y 和 z 的工作以及其他相关文献。"

根据需要，展望未来

　　展望未来是属于未来的，但是在论文的结尾部分才写展望未来不太明智。结尾部分应是成果展示，因为许多读者通过阅读摘要和结尾内容来决定是否阅读一篇论文。所以在成果展示部分之前可加上一个未来计划部分。

　　如果你既有前期工作部分又有未来计划部分，那就把前期工作放在未来计划之前。

　　顺便说一句，未来计划部分往往是论文中最薄弱的部分。删除未来计划部分，论文将完善许多，因为未来计划部分往往都是作者在时间有限的情况下还未完成的一些琐事。

根据要求，附上致谢

　　有些期刊希望你在结尾附上致谢作为一种后记，其他期刊则习惯在脚注处加上致谢。遵照期刊的要求来做，不管写在哪里，一定要确保写了致谢。

19　如何开篇

在这一章中，你将学习写作时如何开篇，从而激发读者兴趣，并使读者相信你是行家。你将重点学习一套标准的开场白，以便让你有一个好的开篇，就像国际象棋大师用标准开局来开始一场比赛一样。

以"愿景目标"开篇

在本书第一章"如何说服他人"中已经讲到，不论是做口头演讲或是撰写论文，都应该提出"愿景目标"。愿景目标包含两个部分：大家关注的问题及其解决方案。正如下棋一样，你有多种开局走法，表达"愿景目标"亦是如此。研究报告、提案以及商业计划都有不同的开篇。

根据目标群体确定愿景目标的标题

由于不同目标群体期望不一，你可以根据不同的群体确定标题。你可以选用"挑战""机遇""目标""假设"等词。

使用"如果……，那么……"命题引出"愿景目标"

第一种开篇方式，是使用"如果……，那么……"命题，这是最为保险的方式。"如果……"部分摆出你试图解决的问题，"那么……"部分提出你的解决方案。例如：

> 如果我们想提出关于人类智能的计算理论，那么应该关注人类与其他灵长类动物（包括现存和已经灭绝的各类）不同的地方。

因此，要解决的问题是我们目前还没有关于人类智能的计算理论，解决方案是弄清楚人类与其他灵长类动物不同的原因。

这里，我用"如果……，那么……"命题开篇，但常常不会直接，而往往将"如果"和"那么"逻辑隐含在故事中。

> 大家一致认为，自从艾伦·图灵发表了开创性论文《计算机与智能》以来，人类已经在计算领域取得了很大的成就。但多数人也承认，目前所取得的成就远远低于预期。尽管人工智能的应用随处可见，但还没有人提出关于人类智能的计算理论（要解决的问题）。由一流工程师组成的团队创建的人工智能系统，可以在国际象棋和《危险边缘》（哥伦比亚广播公司的益智问答游戏节目）中击败成年高手，却没有人能创建一个解密儿童智能水平的系统。
>
> ……
>
> 我认为，我们缺少的是研究方法，如何集中探究人类与其他灵长类动物，以及与早期人类不同的原因（解决方案）。

以趣味故事展开"愿景目标"

你的更深层次的目的可能是解释那些会让人困惑的事情，所以在"愿景目标"部分你可以讲述他人感到困惑的事。

　　这就是马文·明斯基在撰写开创性论文《迈向人工智能的步骤》（*Steps toward Artifical Intelligence*）时的目的。他选择以一个有趣的故事开篇：

　　　　天外来客可能对计算机在人类技术中发挥的作用感到困惑。一方面，他们会耳闻目睹：这些奇妙的"机械大脑"具有何等惊人的智力，而让人类大惑不解。同时，外星访客（不管有无生命）会受到人类警醒：计算机人工智能的使用必须限制，以免它们凭借其强大的力量、信念，甚至其揭示人类无法承受真相的能力，来击垮人类。另一方面，天外来客会发现，计算机人工智能受到人类多方面的谴责，因为它们只会奴隶般地服从，缺乏想象力而只能从字面解读指令，还缺乏创新性和主动性。简而言之，计算机缺乏任性，聊无生趣。

　　　　这个故事是否能够激发读者的深切关注和极大兴趣？我想答案是肯定的。而且我认为，人类现在正见证着一个新时代的开始：智能机器将深刻影响，甚至很可能主导我们生活的各个方面。但是，我们现在研究人工智能，并非志在猜想未来会发生什么，而只需要尝试描述和解读如何建构"人工智能"，这是整个工作的第一步。

　　　　……

　　　　文献没有对人工智能领域的突出问题展开总体讨论。本文试图厘清这些问题，对此进行分析，并找出它们之间的联系。

　　因此，详细了解人工智能是人们关注的问题，解决方法就是解释人工智能的结构。

以重大问题导入"愿景目标"

由于你更高层次的目的可能是解决重大的问题，所以你的"愿景目标"部分需要阐明相关重大问题，并就此提出对策。

明斯基在他著名的K线记忆的论文中，就是以一系列重大问题开篇：

> 大多数记忆理论都表明，当你学习或记忆时，大脑会构建并储存其表征信息，之后提取信息。由此引出以下问题：
>
> 信息如何呈现？
> 信息如何储存？
> 信息如何提取？
> 信息如何利用？
>
> 因为每次出现的情况总是不尽相同，所以如果过去的记忆可以利用，那么必须将其高度概括或抽象化。由此我们不禁要问：
>
> 信息如何进行抽象化处理？
> 信息何时进行抽象化处理——在记忆储存之前还是之后？
> 之后信息如何具体化？
>
> 我们试图通过论证"记忆的功能是重建精神状态"这个命题，回答以上所有这些问题。

所以，上述问题构成了人们关注的问题，"记忆的功能是重建一种精神状态"这一论题就构成了解决方案。

以"目前困境"导入"愿景目标"

你有任务需要完成，比如销售产品、拯救地球，或者保护国家，但你目前面临困境，你需要做的就是解决这些困境。例如：

> 人工智能发展到近期，人们忧心忡忡：人工智能是否会失控，并给人类带来灾难？为了解决该危机，我们必须开发出一种系统，使其能够具有人类的反省能力，并能够解释人工智能如何反省以得出结论。

以"崭新机遇"导入"愿景目标"

一些永恒的关键问题现在已有新的解决方案，以下是一个绝佳案例。

> 人们忙于工作和生活，没有时间寻找合适的伴侣，约会机会不多，往往导致婚后离婚。现在，有了基因测试，就可以通过基因配对寻找可以终身相守的伴侣。

以"美好展望"开篇

你有梦想，并知道如何使之成为现实。在手机普及之前，以"新机遇"开篇能吸引读者：

> 试想，如果你无须到处去找电话亭而随时可以给任何人打

电话；如果在漆黑的夜里，你的车在荒无人烟的路上抛锚了，这时你可以安心打电话求助；如果你可以使用同一个设备做笔记、播放音乐，寻找合适的餐馆，且轻便可以放入口袋，那该有多好。我们如今的技术很快可以将这些想象变为现实，并很快影响我们所有人的生活。

这样开篇有几个特点：没有难懂的行话，没有令人不快的高高在上的语气，描绘的愿景会引起各类读者的兴趣。

阐述"实施步骤"

你可以通过列表轻松地撰写"实施步骤"部分。以下是一篇关于自我意识系统的论文。相关章节的标题是"实施步骤——以'创世记'程序为例"。我刚刚介绍了由西巴·阿瓦德（Hiba Awad）建立的一个系统，该系统展示了关于暴力态度的文化偏见问题，特别是解答了"Lu 杀害 Shan 是因为美国个人主义吗？"这一问题。

虽然阿瓦德的"创世记"故事解读程序对上述问题的回答是肯定的，但它不能解释其中的原因。鉴于"创世记"面临的这一挑战，我们决定采取以下步骤解决：

- 编辑解决问题的内部语言词汇表。
- 按照"创世记"解决问题的方法，使用上述内部语言词汇来讲述一个故事。
- 指示"创世记"程序，使用内部故事制作一个详细图表。
- 将内部故事的详细图表与"创世记"程序的外化方法关联起来。

在本论文中，我们将重点放在第二步，即使用"创世记"程序讲述故事。

添加"近期进展"

"近期进展"让人了解最新成果。你的论文并不是关于历史的，但论文本身就是正在创造的历史。选择你近期有趣的成果，标上日期，它就成了"近期进展"。比如，你可以写"今年 1 月，我们展示了我们的研究成果——能让人们在车库里演示冷聚变，"或者类似的内容。

20　如何撰写结尾

在本章中，你将学到如何撰写结尾部分。你将重点了解使用"成果展示"部分的重要性，还将学习在此部分介绍成果的一些标准写法。正如国际象棋大师使用终局策略来确保获胜一样，你可以使用这些标准写法来确保你的文章收尾收得好。

以"成果展示"结束

许多作者似乎不太知道该如何收尾。你会发现他们的作品经常虎头蛇尾，令人奇怪。

在书面作品中，以"成果展示"收尾就是向读者介绍你做出的成果，当他们浏览你的论文时，就会知道你有所贡献，并决定是否继续阅读。

正如"如何说服他人"所讲，习惯性地以"成果展示"部分收尾也会迫使你思考你有何贡献。

以列举方式展示成果

你可以用列举的方式来展示你的成果，这与在幻灯片中展示成果的方式一样。然后，补充文字，内容如你展示幻灯片时口头解释，见下面例子所示：

> 上文我已阐述了总结故事的原则，以及这些原则在"创世记"系统中的体现。我要强调以下几点：

- 我认为读者模式是故事总结的必要基础。
- 我确定了衔接原则、概念焦点原则、主导概念焦点原则，以及解释透明度原则。
- 我建议使用压缩法，介绍将时间顺序归纳为因果关系的处理方法。
- 我展示了一个基于原则的故事总结软件。该软件在先期实践中，总结了"创世记"系统库中的代表性故事《麦克白》梗概，文字可以压缩84％。

注意："认为""确定""建议""展示"都是主动动词，可以换用。

以好消息引出成果

如果你用目前困境开篇，相应地就可以用成果收篇：

> 因此，通过设定程序，使得人工智能系统清楚自己的任务，确保它们能够向我们汇报它们的一举一动，以此减轻人工智能系统失控造成的危害。

以低调风格展示成果

詹姆斯·沃森（James Watson）和弗朗西斯·克里克（Francis Crick）发表了关于脱氧核糖核酸的论文《脱氧核糖核酸的结构》，风格非常低调。尽管论文末尾有一小段内容，承诺更多细节信息后期会发表并致谢相关人员，但整个结尾非常有力。

> 我们明确地注意到，我们假定的这种特定基因配对方式，表明遗传物质可能具备一种复制机制。

这样，沃森和克里克非常明智地选择以谦逊的态度展示：看！我们确实完成了一项成果——我们发现了一项生物学原理。

以超强洞察力展示成果

艾伦·图灵以其非凡的洞察力完成了著名的图灵测试论文《计算机与智能》。文章末尾部分写道：

> 我们的视野虽然有限，但我们对未来的发展充满无限期望。

当然，你可以在任何文章中以图灵这样的写法结尾，但是不再具有超强的洞察力。

以电子表格展示成果

虽然每篇文章都应该以"成果展示"作为结尾，但该部分并不适用于所有文章类型。例如，如果你正在写一份商业计划，你就应该以电子表格、类似的图表或报表形式，总结乐观和不乐观形势下的预计收益。请使用像"预计收益"这样的标题，毕竟，投资就是为了赚钱。

不以"结论"部分作为结尾

你可以通过多种方式真实地填充标题为"结论"的部分。你可以说：关于我论文的主题有很多文献。这些问题很难解决。其他人用其他方法来解决此类问题。还有更多问题有待解决。这些内容是显而易见的。

但没有人会对这样的结尾感兴趣。你需要以"成果展示"部分来结束你的论文，这样可以迫使你写下令读者真正感兴趣的内容。

21 如何撰写摘要

在本章中，你将了解到在撰写摘要时应该使用一览表，以确保摘要中包含了"愿景目标""实施步骤""近期进展""成果展示"四大要素。此外，你还将学会添加各种细节信息从而充实"成果展示"

部分的内容。

使用 VSN-C 一览表

摘要就是一篇微型论文，它有两个目的：一是为了自我服务，你希望读者能够将你的论文全篇读完；二是为了公众服务，你不想读者浪费时间阅读论文后大失所望，发现这并不是他们所需的。

由于摘要是一篇微型论文，所以大多数摘要都应该具有常见的 VSN-C 要素。

摘要一定要包括"近期进展"，因为如果论文里没有任何关于研究对象的新发现，就称不上是一篇论文了。另一方面，如果受众对你的"愿景目标"方面已充分了解，你可以适当缩短这部分的篇幅，把重点放到阐述方法上。由于"成果展示"部分隐含了"实施步骤"，因此在摘要中可以不必赘述。

注重细节

餐馆老板非常注重细节对于销售的价值。我的一个学生托恩·特兰 - 蒲（Toan Tran-Phu）注意到，如果你点下面这道菜，你想象不出菜是什么样的：

三文鱼配蔬菜

相反，如果你点了下面这道菜，你可以很容易地想象菜是什么样的，这样不仅你会感觉胃口大开，老板也能盈利：

奶油韭菜蘑菇三文鱼：将大西洋三文鱼片放在平底锅上煎烤，搭配韭菜丝和香菇，佐以美味的大蒜和葱奶油酱。

读者就像餐厅的顾客，他们需要了解细节信息才知道是否对你的文章感兴趣。所以，作者或报告人需要提供很多方面的细节信息。

以生物学研究举例，作者或报告人需要回答以下问题：你的实验证明进行了多长时间？一共有多少个引理？你给多少只新生白鼬的大脑重新装上了导线？这些白鼬用了多长时间才在听觉皮层发育出视觉细胞？你为学习程序提供了多少个训练样本？白鼬的学习速度有多快、准确度有多高？你的学习程序包括了哪些文献？有哪些特别的文献？学习程序具备什么样的前期知识？它具备多少先验知识？

未提供细节信息的虚构摘要：

NIMA 系统（Neural Image Assessment，神经影像评估系统）是根据大脑功能的研究近期进展所开发的。该系统联合多个智能主体来解决文献中经典的挑战性问题。本文描述了整个系统结构，详细说明了对系统结构的参数进行微调的办法，并为将来进一步工作提供了建议。

对上述摘要，作者或报告人需要提供诸多细节信息：NIMA 这缩略词全称是什么？该项研究取得了什么进展？近期进展具体为何时？多个智能主体具体是多少个？解决了什么经典问题？参考了哪些文献？使用了什么样的参数？使用了多少参数？微调参数的目的何在？提供了多少建议？

与下面一篇论文摘要做个对比，这篇摘要由于提供了大量细节信息，因而激发了读者对深度卷积神经网络的极大兴趣。

> 我们训练了一个大型深度卷积神经网络，来将 ImageNet LSVRC-2010 年比赛中的 120 万张高清图片分成 1000 个类别。在测试数据中，我们将最高错误率和前五错误率分别降到了 37.5% 和 17.0%，这比之前的技术水平要高得多。这个神经网络拥有 6000 万的参数和 65 万个神经元，共有 5 个卷积层，其中一些卷积层后面还有最大池化层，以及利用 softmax 函数进行 1000 个样本最终分类的三个全连接层。为了提高训练速度，我们使用非饱和神经元，并利用高效的 GPU 实现卷积操作。为了减少全连接层的过拟合，我们采用了一种最近研发出来的正则化方法——"dropout"（即，在深度学习网络的训练过程中，对于神经网络单元，按照一定的概率将其暂时从网络中丢弃），这种方法十分有效。我们也在 ILSVRC-2012 年比赛中加入了上述模型的一个变体，与获奖第二名 26.2% 的错误率相比，我们通过将前五错误率降到 15.3% 而获胜。

从这个摘要中，我明确地了解了作者所要实现的目标以及实现该目标的系统规模。由此，我继续读文章，明白了作者的摘要中包含两个首字母缩写词，是因为他们知道有兴趣阅读正文的读者会了解：GPU 代表 Graphical Processing Unit（图形处理单元），ILSVRC 代表 Imagenet Large Scale Visual Recognition Challenge（大规模视觉识别挑战赛）。

撰写及修改

几年前，我的学生萨吉特·拉奥（Sajit Rao）由于个人问题，匆忙赶在截止日期前完成了他的博士论文。他按期将初稿交给我，我看了很震惊，他的研究工作做得非常棒，但写出的摘要却不尽如人意：

> 本论文解释了视觉空间的表征和过程，不仅可以用于识别对象、指导动作，也可以用于从事更为抽象的任务，比如理解语言或进行计算。一些证据表明，感知和"高级"认知之间可能没有明显的区别。如果我们要将这一发现应用到制造仿真机器人的工作中，那么有必要了解以下几点：
>
> • 是什么使得潜在感知系统足够灵活，可以再用于推理？
> • 作为理解语言和推理的基础，感性知识的表征是什么？
>
> 为此，本文重点在于完善视觉注意模型。我们将讨论该模型如何：
>
> • 根据需要提取各种空间关系。
> • 从经验中学习活动的视觉空间模式。

在拉奥的论文摘要中，我无法厘清他的"愿景目标""实施步骤""近期进展""成果展示"。应该是论文本身，而不是作者进行阐述。"我们讨论了"中的"我们"格外引人注目。没有任何细节信息详细说明过去做不到而现在能够实现的进展。摘要中提到了仿真机器人，但论文正文并未提及。

拉奥听了我的点评，彻底重写摘要。如今，我把这篇摘要作为课堂练习让学生们修改。

首先，我和我的学生们摒弃了将论文视为行为者的表述。我们还将论文中的"我们"改为"我"，并调整了一些措辞，写为"方便程序进行计算"而非"模型进行计算"，即：

> 本论文在本论文中，我解释了……①
> 我们我讨论了基于模型该程序可以……

然后，我们删除了关于仿真机器人的部分，从而能够更加明确地陈述因果关系，如下：

> 因为我认为感知和"高层次"认知之间并没有明显的区别，如果我们要利用这一发现来建造一个仿真机器人，那么所以有必要了解以下几点：

删除上句，我们就省略地说明了拉奥这项研究工作的重要性。由于摘要中也没有"愿景目标"，我们于是将第一段全部换掉，改为：

---

① 　删除线表示在修改中删去的文字，下划线表示在修改中插入的文字。

如果我们要开发人类智能的计算方法，就必须了解人类视觉系统解决问题的能力，因为该系统可以解决日常活动中各种各样的问题。

经过修改的论文，开篇使用"如果……，那么……"句式，包含了以"我们"作为主语的例子，但它们在这里的指向都不正确，"我们"指的是对开发人类智能计算方法感兴趣的研究人员群体，而非作者本人。

接下来，我和学生引用人类视觉系统解决各种问题的例子，来激发读者的兴趣：

视觉系统不费吹灰之力就能在桌子上找到放杯子的地方，在杂货店里选择最短的队列结账，在我们过马路前观察行驶的车辆。

然后，我们决定说明成就拉奥研究成果的两个"实施步骤"：一是发展视觉注意理论，二是编写提取和学习程序。具体如下：

第一步：我通过构建视觉注意子系统的理论，理解了人类视觉系统解决问题的能力。第二步：我编写、演示并实验程序，使程序根据需要提取各种空间关系，并从经验中学习注意力转移的模式。

在此基础上，通过添加详细介绍该程序可以提取的关系类型，我们充实了"成果展示"部分的内容：

提取程序在指向人员和大型红色立方体之间找到了一个指向关系。该程序依靠在注意力焦点处建立低级视觉特性（如特征大小和方向）的基本操作。这些基本操作构成了一种强大的注意力语言。

然后，我们加入一些细节信息，说明学习程序实际上学到了什么：

学习程序学习球落在桌外时产生的视觉活动模式。该程序得以建立的理念是，球坠落等概念可以与注意力转移模式相联系。我展示了我的注意力语言是如何支持程序从经验中提取这些模式的……

清楚的细节信息能够绘就全貌。如果论文中说以前从未有人做过这样的研究，这就是"近期进展"。

我和学生们决定，我们要确保那些知道西蒙·乌尔曼在视觉程序方面做出开创性工作的读者认识到，拉奥的这项工作是建立在乌尔曼所提出，但尚未实现的想法之上的：

……在文中，我解释说这些习得的模式构成了"视觉程序"，即由西蒙·乌尔曼提出的一种顺序视觉程序。

至此，摘要修改得更好了，但过于冗长。此外，一些期刊将摘要篇幅限制在一段之内。因此，我们删除了人类视觉系统功能的说明，同样删除了程序功能的一般性说明而改为具体说明。所有删除的内容都写进引言部分，使得重要内容得以保留。

摘要删减后字数不到 120 字，比之前减少了 56% 左右：

> 如果我们要开发人类智能的计算方法，必须理解人类视觉系统解决问题的能力。为此，我采取了两个步骤：首先提出了一个视觉注意理论，并在此基础上编写、演示和试验了一些程序。空间关系提取程序使用注意力转移、查找特征和确定特征方向的基本操作，来查找指向人员和大红色立方体之间的指向关系。学习程序通过观察球落桌外引起的视觉注意活动模式，来学习"坠落"概念。这些模式构成了乌尔曼视觉程序中的一些实例。

但仍存在一个问题。与克里泽夫斯基等人的摘要明显不同的是，拉奥的摘要没有提供评价数据。拉奥的目的是初次展示自己的研究能力，而不是使用标准数据包的成功率来显示出他的研究胜于别人。

然而，如果拉奥告诉我们他的程序在何种情况下失败以及失败频次，他的摘要会更有说服力。实际上，我们需要自行判定，我们对其中隐含的评价方法是否认可，这种方法将程序识别指向关系以及学会识别坠落，认定为成功。

除此之外，拉奥最终版的摘要包含了所有的要素。"愿景目标"：如果你想理解人类智能，你就必须了解人类的视觉系统。"实施步骤"列出了拉奥提出了一个理论，然后实施、演示和试验程序，而所有这些都构成了"总结展示"。文献引用表明拉奥的工作建立在乌尔曼的视觉程序基础上。细节介绍让我们了解：乌尔曼的视觉程序的基础操作是转移注意力、寻找特征以及确定特征方向，而拉奥的程序可以识别指向和坠落，故是"近期进展"。

综上，修改后的摘要便于读者了解拉奥所解决的重大问题、使用的方法、采取的步骤和做出的贡献。借此，读者可以明确判断是否有必要继续阅读论文的正文了。

利用碎纹导图式提纲

拉奥的摘要需要大改。如果你的摘要还没有写，该怎么办呢？

在前面的章节"如何拟定提纲"中，你已经了解了碎纹导图式提纲。如果写作前准备了一个碎纹导图式提纲，那么提纲中的上层条目应该是摘要的重点，下层条目则是摘要中需要包括的细节。

22　如何通过模仿学习写作

在本章中，你会了解到，模仿你喜欢的东西，阅读优秀的历史和文学作品，可以让写作更上一层楼。

向大作家学习

第一版詹姆斯·沃森的《基因的分子生物学》给我留下了深刻的印象。

当我思考这本书为什么让我印象深刻时，我注意到了以下几个特点：

- 打开书，浏览一个或两个章节标题，你总能看到一个转折点，然后停下来深思或者去喝杯咖啡。

- 章节标题由完整的句子组成，概括了内容。

- 书中有很多插图，配以极具指导性的文字说明。文字说明概括了内容。

444 第22章 通过训练神经网络进行学习

图22.1 神经元由一个细胞体、一个轴突和许多树突组成。树突通过兴奋或抑制突触接受其他神经元轴突的输入信号。真正的神经元可能有更多的树突。

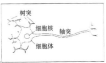

信息，可以从一个地方传到另一个地方。还有一些人从现代工程学中汲取灵感，从传输线和频率调制等不同主题中受到启发。

基于大量的文献，大多数试图理解和复制神经网络功能的人倾向于只专注于神经元的几个突出特征。

在本节的其余部分，你将了解这些特征是什么，以及它们是如何在前馈神经网络中被模拟的。虽然前馈网络是最受欢迎的，但还有其他类型也颇受欢迎。例如，在第23章，您将学习感知器，在第24章，你将学习插值和近似网络。

真正的神经元由突触、树突、轴突和细胞体组成

如图22.1所示，大多数神经元，由一个细胞体、一个轴突和许多树突组成。轴突是一个突起，它将神经元的输出传递给其他神经元。树突的表面有大量突起和分支，这有助于与其他神经元的轴突相连接。树突经常大量分层，形成极其浓密的树枝状。轴突偶尔也会分裂，但远不及树突的分裂速度。

除非输入神经元的所有信息的整体影响达到一个阈值，否则神经元不会有任何反应。当达到这个阈值，神经元就会以窄脉冲的形式发出一个信号，该信号从细胞体出发，沿轴突向下，继而进入轴突的分支。当这种情况发生时，神经元就会被激活。因为神经元要么发出信号，要么没有任何反应，所以，它被称为全有或全无装置。

轴突通过突触的狭窄间隙影响树突。对某些突触进行刺激会促使神经元被激活。对其他突触的刺激会抑制神经元被激活。越来越多的证据表明，学习行为发生在突触

445 模拟神经元由乘法器、加法器和阈值组成

图22.2 一个模拟神经元。来自其他神经元的输入信号乘以权重，然后将总和与阈值进行比较。如果总和高于阈值，则输出为1；否则，则输出为0。

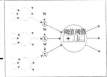

附近，并与突触将沿一个神经元轴突传递的脉冲转化为下一个神经元的兴奋或抑制的程度有关。

人脑中的神经元数量惊人。现行估计值表明，每个人大约有1011个神经元。如果神经元的数量惊人，那么突触的数量一定当更具覆盖性。在小脑（大脑中对动作协调至关重要的部分），一个神经元可以接受多达105个突触的输入信号。因为大脑中的大部分神经元都位于小脑，所以，每个大脑中大约有1016个突触。

如果你知道像这本书中大约有1.5×106个字符，你就可以以上这些数字有更好的感知。此外，美国国会图书馆藏书数量约为20×106册。如果每本书的大小都和这本书差不多，那么，这个藏书量的书籍将包含大约30×1012个字符。因此，一个大脑中的突触数量相当于大约300个这样的图书馆中的字符数。

模拟神经元由乘法器、加法器和阈值组成

模拟神经网络通常由模拟神经元组成，如图22.2所示。模拟神经元被视为一个节点，通过突触—突触—树突链接而连接到其他节点。

每个连接都与权重相关。就像突触一样，其重量决定了一个节点对另一个节点影响的性质和强度。更确切地说，一个节点对一个节点的影响是

图 22-1 温斯顿编写的教材

沃森的风格值得效仿。

自然地，我把沃森的写作风格融入自己的写作中，如图22-1所示。我在编写有关人工智能的教材时，确保几乎每一页都有完整句子做标题、配有插图，每张插图都配以极具指导性的文字说明。

通过阅读名家作品提升写作水平

人类善于模仿。如果你边喝酒边阅读莎士比亚的作品，就会自然而然地说伊丽莎白时代的英语了。

如果你阅读好的文学或历史作品，你的写作水平就会提高，虽然比不上莎士比亚，但会比过去有进步。

几年前，我的同事罗伯特·贝里克来到我的办公室，他知道我对美国内战感兴趣，于是递给我一本书，说："你一定要读读这本书。"这是詹姆斯·麦克弗森（James McPherson）写的《为自由而战的呐喊》（*Battle Cry of Freedom*）。几个星期后，罗勃特问道："你觉得这书怎么样？"我说："特别好！"

然后，他又问道："你知道为什么这本书读起来这么好吗？"我承认我不知道。虽然这书读起来不错，但我没有想过原因。罗勃特把书翻到任意一页（第 460 页），大声朗读一段：

> 杰克逊打算击败谢尔兹的先头部队，然后调转方向进攻弗里蒙特。但是谢尔兹在波特里帕布利克市的两个旅顽强抵抗，挫败了这个计划。3000 名蓝军士兵拖延了 3 个小时，杰克逊的七八千人最终投入了战斗。虽然杰克逊的军队在人数上占了优势，但那时杰克逊的军队已经不堪重负，无法继续对弗里蒙特的进攻。6 月 9 日，在这个血腥的早晨一直按兵不动。最后，双方撤退重组。当天晚上，杰克逊撤退到了蓝岭的布朗隘口。

为什么读起来朗朗上口？因为麦克弗森使用了主动动词。这些动词在你的脑海中形成了生动形象的画面。

杰克逊打算击败谢尔兹的先头部队，然后调转方向进攻弗里蒙特。但是谢尔兹在波特里帕布利克市的两个旅顽强抵抗，挫败了这个计划。3000名蓝军士兵拖延了3个小时，杰克逊的七八千人最终投入了战斗。虽然杰克逊的军队在人数上占了优势，但那时杰克逊的军队已经不堪重负，无法继续对弗里蒙特的进攻。6月9日，在这个血腥的早晨一直按兵不动。最后，双方撤退重组。当天晚上，杰克逊撤退到了蓝岭的布朗隘口。

这段文字只使用了一个被动句。如果麦克弗森用被动动词，用"was"和"were"代替所有的主动词，形成9个被动句，画面就会缺乏生气。修改后的段落如下：

击败谢尔兹的先头部队的先头部队是被杰克逊计划的，这样弗里蒙特就可以被他攻破。但是，由于谢尔兹的两个旅在波特里帕布利克市的顽强抵抗，这个计划遭到挫败。最终被投入战斗的七八千人被3000名蓝军士兵拖延了3个小时。数量的优势最终成了主导因素，但那时杰克逊的军队已经遭受重创，不能继续进攻弗里蒙特，在6月9日这个血腥的早晨，进攻弗里蒙特未被执行。双方都被迫撤退并被重组。当天晚上，杰克逊的军队被撤退到蓝岭的布朗隘口。

当你以这样的方式行文，通过删除 By 短语你十分容易地删除了动作执行者，如下文所示：

击败谢尔兹的先头部队是被计划的，这样弗里蒙特就可以被攻破。但是这个计划被推翻了。最终投入战斗的七八千人被击退了。

不论是从视觉上还是感觉上，工程和科学文献常常充满了像等式样的句子。is 动词有很多变体，句子死气沉沉，内容很好，但写作不好。

嗯。这段话这样读起来更好：

相比之下，工程和科学文献往往包含大量看起来像等式的句子。作者们用 is 动词的变体毁了他们的文章，句子没有任何生机，内容让人兴奋，写作却很糟糕。

收集名家名作

你认为一个作品很优秀，可能是因为作者善用动词，可能因为喜欢作者善用短语，也可能因为喜欢作者擅长混用长短句。

可以在书房里留一个专门的书架放这些书。时不时随便挑一本读一遍，并注意你认为这是一本好书的原因。然后，你会模仿他们的写作风格。体裁并不重要，只要欣赏其语态就行。

23　如何避免风格错误

在本章中，你将学会识别并避免一些作者犯的典型错误——他们的作品未有幸得到优秀的编辑审阅编校过。

阅读经典作品

我在编写第一本教材时，把初稿拿给一个韦尔斯利学院的学生看，他正好在麻省理工学院修我的人工智能课。我问："你觉得怎么样？"他的回答令我吃惊。

"你读过斯特伦克和怀特的书吗？"

当然，他是在问我是否读过《风格的要素》（*The Elements of Style*）。

我读过，但没有仔细研究过。从那以后，我多次研究这本书。评论家认为，这本书前后不一致，自相矛盾。对他们，用爱默生的话来说："一味地墨守成规、不会灵活变通是愚蠢的。"

然后，就在我写完第三本或第四本书的时候，爱迪生 - 韦斯利公司的编辑问我是否需要文字编辑。此时，我自认为文字编辑所做的一切我都在行。于是我说："找一个厉害的文字编辑吧。"他回答说："哦，我去问问林·杜普雷（Lyn Dupré）有没有时间。"正如你可以在《写作中的错误》中读到的那样，她指出了我很多错误——我的书稿中错误连篇。她是个策划编辑，不是文字编辑，因为她能提出结构性建议。

注重语法和风格

犯语法和风格错误表明你比较粗心或缺乏经验，或两者兼而有之。许多读者难以接受，尤其是那些像我一样经过专业编辑严格打磨过的读者。不要因为小错而毁了你整本书，要保持细心，关注基本要素。

唯一作者代词使用"我"

"我们"是指作者和读者或多名作者。除非你是国王或王后，或者你是多名作者中的一员，否则不要自称"我们"。在某些场合，使用"我"被认为太自我，但习惯使用"我们"可能会让人搞不清究竟谁对该文章负责。

看看艾伦·图灵著名的论文《计算机器与智能》（*Computing Machinery and Intelligence*）中的第一句话。

> 我请大家思考这个问题："机器会思考吗？"

因此，如果你在论文中使用"我"，很多人都这样做。

然而，在编写文献记录时，应该使用"我们"，因为你是代表你的组织机构来编写。

> 我们建议您经常备份工作。
>
> 我们建议您对加密文件设置密码。

勿使用人格化的写作手法

在论文中阐述你的研究，你的论文本身是客观事物，因而没有知觉，不具备思考的能力。例如：

> 人格化写法：本文将解释桌面冷聚变。
>
> 正确的写法：在本论文中，我将解释桌面冷聚变。

我花几分钟浏览了一下麻省理工学院的在线研究数字档案
（DSpace），很遗憾在论文摘要里发现了许多这样的例子：

> 这篇论文旨在检验……的效果
>
> 这篇论文将描述一个实验性的……
>
> 本论文将探讨……
>
> 本文认为……
>
> 本文讨论……
>
> 本文分析了……的局限
>
> 本文探讨了……的基本原则

奇怪的是，我还发现，麻省理工学院的作者对使用"我们"这
样的格式有明显的偏好。几乎所有我查看过的论文，都是一位作者
独立完成的，但用的却是"我们"，而不是"我"。

令人振奋的是，我倒也发现了一些例外。显然，这些论文都出
自普通人之手：

> 在本文中，我描述了……
>
> 在本文中，我解释了……
>
> 在本文中，我提出了……

勿使用"之前""前者""后者"

使用"之前""前者""后者"会迫使读者停下来，回头浏览，
并重读前面的内容。请使用明确的参考提示。

糟糕的表达：我喜欢运动，尤其是之前讨论过的运动。

好的表达：我喜欢运动，尤其是滑雪。

糟糕的表达：我喜欢滑雪和徒步旅行。我喜欢前者是因为……

好的表达：我喜欢滑雪和徒步旅行。我喜欢滑雪，因为……

勿使用"上文""下文"

在写作中提到别处时，使用最精确的表达。

含糊表达：我可能在上文犯了这个错误。

精确表达：我可能在本节的第一句话就犯了这个错误。

在引用图形时，如果允许文档处理软件移动图形，请使用图形编号。否则，你所说的下图可能出现在前面而不是下一个图形。

勿使用代词

我们每个人都只有一个语言处理器，由此产生了以下原则：

最小化原则：写作时尽量减少读者不必要的语言推理，这样读者的语言处理器就可以关注你的观点，而不是你的语法。

当一个代词出现时，就需要不必要的语言处理。一般来说，你只需要重复代词所指代的名词就行。

马文·明斯基开玩笑说，对于计算机来讲，儿童故事往往比新闻报道更难理解。下面是关于生日聚会的儿童故事：

> 彼得和保罗要去参加约翰的生日聚会。他们中其中一个想买个风筝送给他。"他已有一个了。"他说，"他肯定会让你退掉这个的。"

计算机由于缺乏常识，搞不懂所有的代词：

> 彼得和保罗要去参加约翰的生日聚会。他们中其中一个想买一只风筝。"但是他有一个。"他说，"他会给你还回来的。"

记者们则不同，他们避免使用代词，更喜欢使用确切的名词，如下面这篇夸张的新闻报道：

> 彼得最近宣布打算给约翰买一个风筝，因为约翰的生日聚会快到了。据可靠消息透露，保罗批评了这次购买计划。保罗对彼得说："约翰有一个风筝，他会让你把礼物退回商店。"

使用"可靠消息来源"这一短语，表明记者不会确认真正的消息来源。

勿随意替换词语

许多作者不知道为什么会认为表达重复不好，所以如果他们总在用不同单词，比如"shovel"就会换成"spade"，这会让读者猜测此处的单词转换是表明了故意改变意义，还是粗心导致表达不一致，还是为了避免重复的愚蠢之举。

> 他冗长的报告有 85 张幻灯片。每张幻灯片都有太多的词汇，这些幻灯片让我昏昏欲睡。

讲述自己的观点

读者想了解你的观点，而不是被引用者的观点。引用他人的观点是用来支撑自己的观点，而不是为了去阐释别人的观点。

引用支撑你的叙述：

> 温斯顿"多年来一直致力于人工智能研究，以此来了解人类智能"。

借助引用支撑自己的结论：

> 温斯顿致力于研究人类的智能："多年来，我一直在从事人工智能研究，以此来了解人类智能"。

删除无关紧要的信息

欧内斯特·海明威（Ernest Hemingway）是一位伟大的小说家、短篇小说作家和记者，以简洁、精炼的写作风格著称。据说，海明威的简洁风格可以追溯到 20 世纪 20 年代他在《多伦多星报》（Toronto Star）担任欧洲记者的经历，当时通过电报通信，文字非常昂贵。

我们要向海明威学习，追求简洁、精炼的写作风格，删除不重要的单词、短语、句子和段落。

寻求帮助

如果你的写作语言不是你的母语，请朋友、机构资源或专业的文案编辑帮忙修改。

尽量聘请一个策划编辑帮助修改你的论文或书稿或其他作品，策划编辑不仅会帮你检查拼写和语法错误，还能提供结构性建议。

24　如何克服写作障碍

在本章中，你将学到，在有写作思路但又不知道如何着手时你该怎么办。

了解写作障碍乃常见现象

在这本书完成时，我通过邮件联系爱迪生 - 韦斯利公司的编辑，他是我之前编写教材时的编辑。在我们的聊天过程中，他写道：

> 我的书已经酝酿了几十年，总有一天，我能够自觉地静下心来完成这本书。我已经用尽我多年来在出版业中学会的所有借口，且虚拟软件狗也不再咬我的手稿。

他正遭受着写作障碍的折磨，这让他很难再继续写作。我断定，还有一章要写。就是这一章需要花费一段时间，因为我不知道从哪里着手。

应对写作障碍方法多多

许多作家都经历过写作障碍，所以如果你也经历过，你不奇怪，也不孤单，因为其他人也有类似的经历。

有的人会出现写作障碍，因为他们还没有完全明确自己想写什么；有的人是因为还没有做好日程安排；有的人是因为担心工作量太大而被吓倒了。

幸运的是，针对不同的写作障碍，有多种应对办法，其中总有一种或几种可能适合你。

把故事娓娓道来

许多小说作家一开始都要详细构思小说中的人物。然后，把人物放入有趣的情境中，这时，故事就是水到渠成的事。有些人在开始写作时，并不知道故事将会以什么样的方式结尾。

同样，你不应该抱有这样的想法——必须在开始写作前就全部构思好。因为写作的过程会激发思考，在你写大纲、做演示、列举例子以及写作的过程中，都会涌现新的想法。

拟定碎纹导图式提纲

首先，第一步应该拟定碎纹导图式提纲。我喜欢把提纲写在黑板上，然后用手机拍下我所写的东西。没有人看到我在这个阶段做了什么，所以我不担心被他人嘲笑。

在黑板上画出碎纹导图式提纲的轮廓，方便增减条目，用手一擦就可以删除某个条目，如图 24-1 所示。

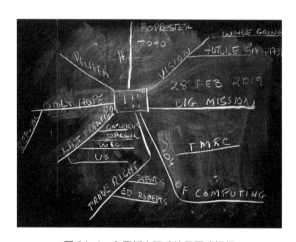

图 24-1　在黑板上画碎纹导图式提纲

拟定碎纹导图式提纲会迫使你思考自己想要写什么内容。你反问自己："我的愿景目标是什么？""我应该用什么例子呢？""我的读者是谁呢？"

如果你连一个简略的提纲都写不出来，你可能真没有什么想表达的。当你完成一份提纲后，你就差不多完成了。

举行一场演讲彩排

塞缪尔·约翰逊（Samuel Johnson）似乎总是知道该如何表达。当他的一位朋友，英国国教牧师威廉·多德（William Dodd）因各种罪行即将被处以绞刑时，约翰逊为多德是告别布道的作者进行了辩护，他说："没错，先生，当一个人知道他将在两周后被处以绞刑时，他的思想会非常集中。"

约翰逊的话可以这样理解，例如：当你计划在上午做一个报告时，可以很好地集中你的注意力。

你要做什么？你很快就拟写了一个碎纹导图式提纲，你可以利用提纲帮助你从幻灯片库中进行选择，也许还可以编写一些新的幻灯片。看，你已经开始写了，几乎还没有意识到自己已经完成了很多。

做演讲彩排。为了生成书面版本，将幻灯片中文本移动到注释图例中，保留图片和图表。接下来，添加你在给注释图例演讲时所说的内容。在带注释的幻灯片前，先做一份 VSN-C 框架摘要。至此，任务差不多就完成了，你所需要做的就是把带注释的幻灯片转化为文字和图形。

讲给朋友听

如果眼前没有做演讲的场地，你可以向你的朋友展示。是否需要幻灯片，这取决于你在写什么。你可以把你所说的话录下来，并撰写成文字，以此开始你的写作。

你也可以向假想的朋友口头讲述，这种方法对很多作者有效。温斯顿·丘吉尔编写了他的六卷巨著《第二次世界大战回忆录》（*The Second World War*）及许多其他书籍时，都是使用口述的方法，然后做大量的文字编辑。

记下例子

如果你写科技论文，需要借助图表丰富碎纹导图式提纲。你的写作任务就是解释例子，讨论图表。

先完成初稿

很久以前，电脑还未普及，打字机影响了作家的写作进度，尤其是那些追求完美的作家。一旦出现错误，页面看起来就乱七八糟的。必须剪裁页面，把句子和段落粘在一起，最后把所有内容都重新打一遍，但很可能又会出现新的错误。

过去，要先打好腹稿，然后在打字机上敲出来。文章是慢慢成形的，或者根本就无法成形。

使用电脑写作会更加流畅，可以写完后再修订错误。将被动句改为主动句，或者修改"如何避免风格错误"章节中提到的其他错误。

尝试自由写作

尽管你很可能用电脑写作，但也可能已经习惯先打腹稿，这一点需要纠正。

写作教授彼得·埃尔博（Peter Elbow）注意到了自己的问题，建议每天练习 10 ～ 15 分钟的自由写作。直接写，不要停下来、不要编辑，不用注意语法，自由写作不用把自己写的内容展示给任何人看。如果你一定要给他人看，你就写《写作卡壳：没什么可写》。一遍又一遍地尝试，直到可以流畅地写作。

最终，你在自由写作练习中写下的一些内容是值得保存的，但关键要学会直到胸有成竹再进行编辑。

坚持记笔记

你可能会在不经意间迸发一个灵感，但灵感马上又会消失，所以很多作家都会随身携带笔记本。灵感出现时，随时记在笔记本上。很可能在某个午夜，你的梦里会出现灵感。

不论白天或者黑夜，一旦有新颖的表达、破解难题的方法以及对项目新见解，都可以记录在笔记本上。

自我调整，适应写作

就像在巴甫洛夫的实验中，狗在听到铃声后会产生条件反射，分泌唾液，我们也会受到条件反射的影响，我们可以调节自己的写作。

为写作预留时间

一些兼职作家在其他人上班之前，很早就开始写作，在安静的环境里写作，以免分心；有些人专门在星期六上午写作。不管怎样，养成规律的写作习惯非常重要。

腾出场所写作

有些人在家里写作，有些人在工棚子里写作。我在当地一家咖啡馆里完成了《人工智能》第一版的大部分书稿，周围的噪音对我没有影响。我的一位同事带着课堂笔记和详细的大纲，在酒店房间里待了一个星期来完成一本书稿。

为写作腾出场所是因为你需要专注，不被日常活动分心。你希望物理屏障或心理屏障屏蔽来自媒体、社交媒体、家人、朋友和访客的打扰。

你腾出专门场所来写作是因为去那个地方已经成为你写作习惯的一部分。

散步，慢跑，放松

当你陷入困境时，有时休息一下就可以了。我遇到同样的情况时，会选择出去走一走，再想一想。有时慢跑的效果会更好，因为慢跑能释放多巴胺，调节情绪。

有时候，当你想放弃时，你需要休息调整一下自己。再写一段，我就到我的木工店去逛逛；写完这一章，我就去种种植物；画完这个图表，我就停下来泡咖啡；努力尝试所有可以调节的办法。

睡觉是一种休息。我不知道在我入睡后是否有进展，但当我陷入困境的时候，我有时会打个盹，在快要入睡之前，我正在思考如何摆脱困境。

克服恐惧

对我来说，写作就像画画一样，需要创造力。在这么想之前，我总觉得写作需要勇气才能完成。如果你需要勇气，你可以从伊万·萨瑟兰的建议中获益。

萨瑟兰以其在计算机图像处理方面的开创性工作而闻名。他写道，每当他知道自己需要做某件事，却没有勇气去做时，他有时会把自己当作执行一个简单程序的计算机。他用一个关于洗碗的故事解释道：

我过去讨厌洗盘子。我会尽量拖延，看着成堆盘子让人畏惧，我对自己说："我会把你们都洗了的。"这项任务的艰巨性让我不敢开始，但现在我很快就把碗洗了，因为我从我妻子的叔叔那里学到了一个简单的步骤，即从洗第一个盘子开始。

写作也类似：写出第一句话或第一段，或者如果你想写温斯顿·丘吉尔的三卷本传记，那就先写出第一章。

第五部分

设计之道

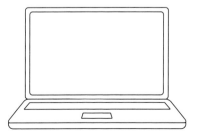

25　如何进行设计选择

即使你已师从专业的平面设计师，在本章中，你仍可以学习优秀设计的要义。

了解设计要素

好的设计就像讲话需要合理的措辞，必须做到表达清晰，让人易于理解、印象深刻。优秀的设计会让你的幻灯片、海报、论文、提案、著作和其他材料显得更为专业，而糟糕的设计则会让你的演讲和报告前功尽弃。

借助外力完成选择

如果你在政府部门或者公司工作，对一些报告的主题设置很可能没有太多的发言权。幻灯片演示是工作报告的主要形式，你所在的单位很可能要求你使用标准的主题幻灯片。

如果你是一位学者，你可能不会对整体设计过多考虑。向期刊投稿，文章的格式需要遵从规定的版式。而演示报告的幻灯片，你可以自己进行简约设计，或者从软件的主题库中选择使用。

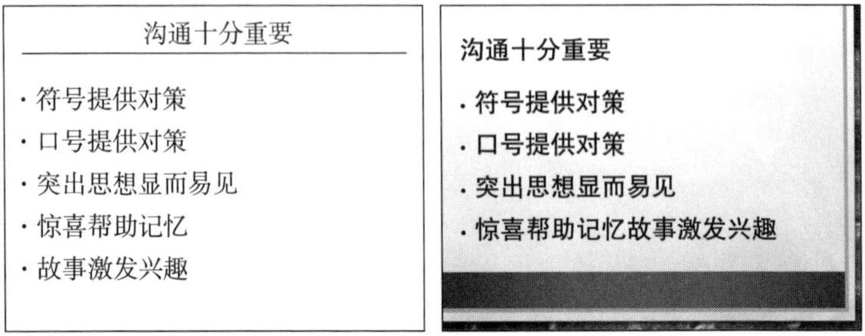

图 25-1　微软主题库中的幻灯片版式

如果你选择使用一个主题库，不要选用类似图 25-1 右边的主题版式，因为其字体全部大写，且采用粗体、布局拥挤，难以阅读。

选用多种设计版式

即使你的版式已经确定总体形式，可能仍有大量设计工作要由你自己完成。比如，你需要排列文本、图表和图片，选择显示定量信息的图表样式，还需要裁剪图片、选定字体等。

这样的设计工作你需要精益求精，因为你要让自己的设计灵感在报告中如花绽放，而不是凋零。

统领设计全局

根据工作安排或者自主选择，你可能需要与平面设计师一起合作，由他们负责安排设计元素、构建图表、裁剪图片以及选择字体。

大公司设有专门部门，聘用很多平面设计师来制作幻灯片，他们的一些设计方案可能会让你感到惊讶。在用来演示的每张幻灯片中，为了确立基调，可能需要设计一张图片，文本部分可能需要设置标题。

但是，平面设计师的艺术创新可能会分散受众对你 VSN-C 框架的注意力，即你想要达成的愿景已经采取的行动步骤、近期工作进展、工作成果展示等内容。

优秀的平面设计师确实都才华横溢，但请记住他们是艺术家。除非他们读过本书，否则他们不会了解你的 VSN-C 概念。因此，你需要确保他们的设计支持你的表达，而不是造成障碍。

对于只顾自己的艺术表现而为报告表达思想造成障碍的一些平面设计师，尤其是一些制作统计图形的平面设计师，爱德华·塔夫特提出了严厉的批评：

> 插画师常把自己的作品看作是一种专业的艺术成果，他们惯常用"创造性""概念""风格"等词的各种组合来描述自己作品的艺术性……艺术成就超凡的插画师，往往注重让数据信息看起来美观，而不在乎数据的可靠性。

更普遍的情况是，有的设计师在美化一张幻灯片时，可能会设计得太抽象，致使你的演讲内容空洞。也有的设计师会使用廉价的剪贴技术，让观众感觉幻灯片显得幼稚。还有的设计师坚持使用具有艺术气息的字体，而不顾给受众造成阅读不便。所以，你在与设计师沟通时，对他们的艺术能力可以倾听和赞美，但不要放弃你统领设计的主导权。

26　如何布局图形

在本章中，你将学习如何使用网格的布局方法来设计图形元素。

使用网格布局方案

学习平面设计的学生都了解，20 世纪 40 年代末，瑞士人发明了一种图形设计方法：把图形、图纸、图片和文本使用网格排列，即置入同等间隔和大小的矩形中，这样看起来会更加美观，如图26-1 所示。

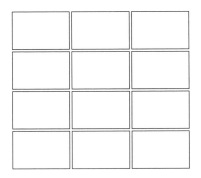

图 26-1　网格图形设计方法

确定网格尺寸后，将设计元素放置在单个矩形或矩形组合中。如图 26-2 所示，一个 4×3 的网格系统有 12 种尺寸的矩形排列可供选择。如图 26-3 所示，一个 8×6 的网格系统有 48 种尺寸选择，图中为其中 3 种。

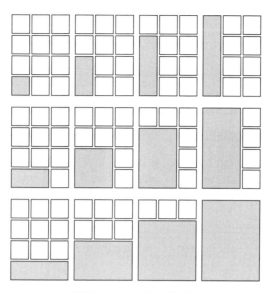

图 26-2 4×3 的网格系统

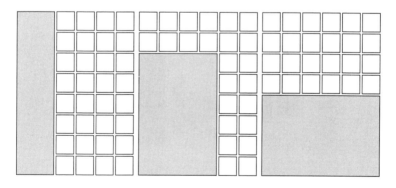

图 26-3 8×6 的网格系统

网格系统设计令人耳目一新

要想了解网格系统设计的创意如何有助于幻灯片的展示效果，我们可以参考尺寸不同的文字和图片的组合，其中有重叠部分，这说明设计很糟糕，如图 26-4 所示。此幻灯片中文字多余，毫无设计感，效果拙劣。

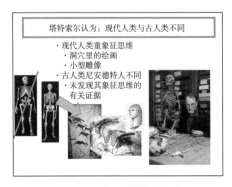

图 26-4　布局糟糕的幻灯片

我去掉了标题和文字，因为我会口头说明这些内容，但布局依然丑陋，如图 26-5 所示。

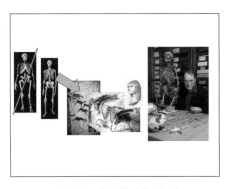

图 26-5　布局糟糕的幻灯片

接下来，我又重新安排布局，调整了图片的尺寸并将之对齐，布局仍然丑陋，但勉强可以接受，如图 26-6 所示。

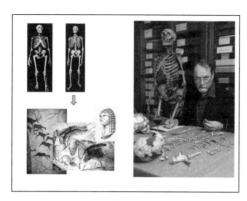

图 26-6 布局糟糕的幻灯片

然后，经过试验，我选定了一个 2×4 的网格系统，将图片移置其中，如图 26-7 所示。

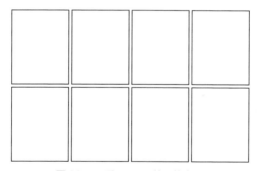

图 26-7 采用 2×4 的网格布局

最后，根据我的表达内容，我通过裁剪和缩放的方法，重新对图片进行了调整，如图 26-8 所示。

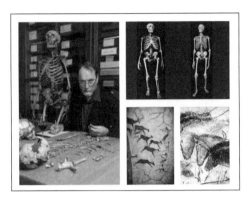

图 26-8　根据网格裁剪后的幻灯片

　　如果是用于口头演讲，制作幻灯片时不需要添加文字。如果不是用于演讲，文字则必不可少，可以在矩形框的间隔里添加，大致如图 26-9 所示。

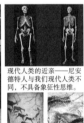

现代人类的近亲——尼安德特人与我们现代人类不同，不具备象征性思维。

著名古人类学家伊恩·塔特索尔认为：现代人类是唯一具有象征性思维的人种。

拉斯科洞穴壁画提供了现代人类象征思维的证据。

现代人类的近亲——尼安德特人与我们现代人类不同，不具备象征性思维。

著名古人类学家伊恩·塔特索尔认为：现代人类是唯一具有象征性思维的人种。

拉斯科洞穴壁画提供了现代人类具备象征性思维的证据。

图 26-9　图文相间的幻灯片

　　当你从左到右、从上到下浏览时，内容的层次结构是如何浮现的？塔特索尔说，现代人类与其他人种不同；由此过渡到现代人类与古人类尼安德特人的特殊关系；进而过渡到现代人类比其他人种具有优越性。

图形用于文本元素

　　各类建筑师在海报大小的平面图和提案中使用网格。以下是一位景观设计师为复兴马萨诸塞州的里维尔海滩提出的设计方案。设计师选择了 5×4 的网格，如图 26-10 所示。

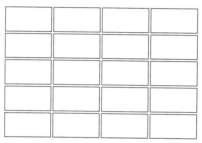

图 26-10　设计师选用 5×4 的网格

　　接下来，她将地图、图片和文本，部分经过裁剪，移至网格中，如图 26-11 所示。

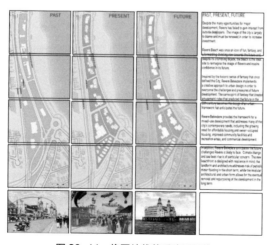

图 26-11　将图片裁剪后移至网格

最后，她去掉网格线条。如图 26-12 所示。

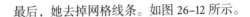

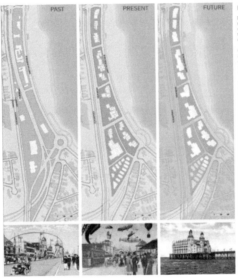

图 26-12　去掉网格线条

如此，内容的层次结构再次得以显现。

27　如何使用图表

在本章中，你将学习一些在幻灯片、海报、论文、提案、书籍和其他材料中显示定量信息的原则。这些基本原则将确保你的展示忠实表达你的思想，而且让受众准确理解。

摒弃图表垃圾，保持简化

文档排版系统提供了各种手段用以"装饰"文字，例如更改字体大小，使用彩色、斜体、下划线、引号等，但这并不意味着你必须使用这些手段。

同样地，在展示定量数据时，也容易使用过多技巧。例如：展示财务信息，使用了扇形图，而不是简单的条形图；用绘图软件将信息转换为 3D 展示；使用不必要的图例或收缩图轴。著名的《定量信息的视觉显示》一书的作者爱德华·塔夫特，把这种设计称为图表垃圾。如图 27-1 所示。这是一个用阴影和三维显现的汇率图，展示了 1999 ～ 2017 年间美元兑欧元的汇率走势。

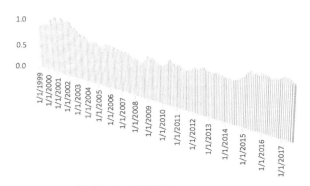

图 27-1　设计糟糕的三维汇率图

你可以通过图形系统运用这些技巧，但并不意味着你必须这样做。技巧有时会阻碍沟通，就像借助一些无用的功能装饰文字一样。

将图 27-1 去掉阴影和三维效果后，如图 27-2 所示。

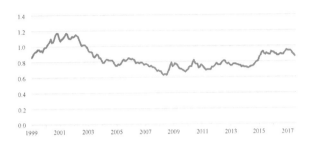

图 27-2　去掉阴影和三维效果后的汇率图

忠实传达内容，忌为节省空间牺牲表达的清晰度

空间有限时，你可能会尝试缩小纵轴的范围并使用小字体。图 27-3，汇率波动范围缩小了，不再是 0 ~ 1.4，而是 0.6 ~ 1.2。

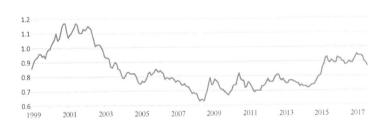

图 27-3　纵轴数值范围缩小的汇率图

缩小纵轴范围的结果是掩盖了真相。但是，我们的眼睛具有解决问题的强大威力，它们能透过表象洞察数字矛盾，揭示出真相：最大值与最小值的比值比实际夸大了约 10 倍。

你节省了大约 1/3 的空间，但却扭曲了事实。你的眼睛会告诉你：最大值是最小值的 20 倍，而不是低于 2 倍。你只有仔细观察纵轴上的数字，才能洞察事物的真相。

防范图表误导

即使是信誉良好的出版物也会刊登误导你的图片。我在写这一章的间隙，匆匆浏览了一本消费者杂志，杂志上报道了购买各种电器的最佳时间，结论是 11 月初比较好，如图 27-4 所示。

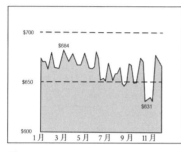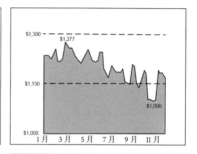
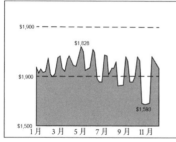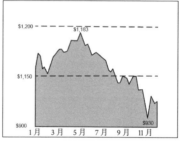

图 27-4　洗碗机（左上）、炉灶（右上）、冰箱（左下）和电视机（右下）的价格走势

所有图形的高度都很接近，大概是为了统一外观，让人看着赏心悦目，但不幸的是，这些图的纵轴都被缩小了，这会误导读者。如果忽略表示数值的数字，只看图，你会认为以少于年度最低价63% 的价格能买一台洗碗机，以 1 折的价格能买一台电视机。而实际上，买洗碗机只少花了 8%，买电视机只少花了 21%。

使用标签，勿用图例

现在假设你想以美元为单位，绘制英镑兑欧元的汇率图。绘图系统可能会建议你使用图例，帮助你直观了解，如图 27-5 所示。

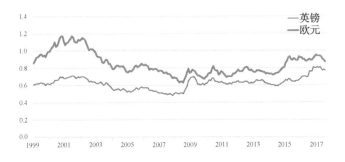

图 27-5　使用图例的汇率表

图表尽其所能传达思想，但并不一定能照顾到读者阅读理解的需要。如果使用图例，读者的注意力会在图例和图表之间来回转换。看图例时，首先需要注意每种颜色所代表的含义，然后寻找相应的颜色，这些都耗费颇多精力。因此，应该使用标签，如图 27-6 所

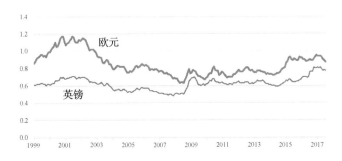

图 27-6　使用标签的汇率图

示。这样，眼睛就不需要大幅度地移动，注意力不必频繁切换考虑哪种颜色代表哪种货币。

28　如何处理图像

在本章中，你将学习幻灯片、海报、论文、提案、书籍和其他材料中图像处理的基本原理。

使用三分法剪裁图像

许多专业摄影师不会把照片中最重要的元素放在中间。被问及原因时，他们会有各种奇异的解释，但你不必听信他们的解释。

举个例子，图 28-1 是安德烈·帕拉蒂奥（Andrea Palladio）设计的意大利威尼斯救主堂的照片。左图中，教堂位于中心，略显呆板；右图中，教堂偏离中心位置，却显得有趣。

那么，应该把重要元素放在离中心多远的位置呢？一些摄影专著的作者经常使用三分法：用水平线和垂直线将图像空间分成三份，将图像中最重要的元素放在线条相交的地方之一。

图 28-1　16 世纪威尼斯建筑师安德烈·帕拉蒂奥设计的威尼斯救主堂

利用三分法可以将威尼斯救主堂放在下列四个位置之一，如图
28-2 所示。

图 28-2　根据三分法放置威尼斯救主堂

根据三分法构图，此例中的地平线贴近其中一条水平线。一般
来说，这样的视界放置效果更好。

使用大图

学术演讲一般使用带标题的设计主题，如图 28-3 所示。

帕拉蒂奥的绝世佳作——威尼斯救主堂

图 28-3　带标题的学术演讲幻灯片

平面设计师制作的幻灯片通常会省略标题，用一张图片覆盖整个幻灯片，如图 28-4 所示。

图 28-4　威尼斯救主堂占据整张幻灯片

把最重要的元素放在偏离中心的位置，通常会给标题留下空间。许多由平面设计师制作设计的幻灯片，如图 28-5 所示，图片覆盖整个幻灯片，并嵌入标题。

图 28-5　威尼斯救主堂占据整张幻灯片，并嵌入标题

学术风格和平面设计师的风格哪个更好？对于这个问题，很难绝对地说哪种更好。建议遵从大众的期望和自己的想法进行设计。

溢出图片，增大尺寸

平面设计师经常将图像延伸到幻灯片的两侧，用以突出。这样，图像一般会溢出两侧，如图 28-6 所示。

图 28-6　增大图片尺寸的幻灯片

关注图像比偏好有争议

图像比例是长与宽之比。如果用标准的幻灯片排版系统进行幻灯片图像填充，软件会提供 4∶3 或 16∶9 两种图像比，即长为 4、宽为 3，或者长为 16、宽为 9，如图 28-7 所示。

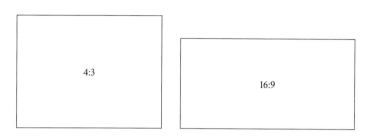

图 28-7   常用的标准幻灯片制作软件提供的图像比

常用的幻灯片制作软件的图像比，与最初在美国销售的电视机的图像比（4∶3）和新型高清电视标准的图像比（16∶9）大致相同。

如果图像嵌入了网格布局，图像比可根据网格尺寸选定。

否则，你使用的比例应大于1∶1并且小于2∶1。如果比例在4∶3至5∶3之间，按十进制算的话大约是1.33和1.67，对此很少人会有异议。

数学规律打造矩形黄金比

千百年来，各个领域的艺术家一直在争论，如何选择合适的图像比，许多人从数学或音乐中寻求美学指导。其中，关注数学的学者倾向于1.62的比例，也就是矩形的黄金比。

下面是制作黄金矩形的方法：先制作一个正方形；然后，如图 28-8 所示，在正方形右侧添加一个矩形，就构成一个大的外部矩形。

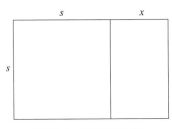

图 28-8 黄金比的矩形

如果外部矩形的长与宽之比与内部矩形的长与宽之比相同，那么，得到的矩形则为黄金矩形：

$$\frac{s+x}{s} = \frac{s}{x}$$

从这个比例等式，可以得到：

$$x^2 + sx - s^2 = 0$$

然后，使用二次公式会得到：

$$x = \frac{-s + \sqrt{s^2 + 4s^2}}{2} = \frac{-1 + \sqrt{5s^2}}{2}s \approx 0.62s$$

因此，黄金矩形的长宽比约为1.62。嵌入矩形的长宽比也是1.62，因而也是黄金矩形。这表明黄金矩形也可以由一个正方形加上一个黄金矩形组成，且这一模式可以无限延续下去。

有些人认为，希腊帕提侬神庙的正面是一个黄金矩形，极可能是建筑师们的无心之举，仅仅认为这样的建筑会更好看而已。事实确实如此。

第六部分

特例处理

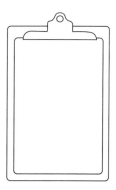

29　如何设计学术海报

在这一章中，你将学习如何绘制海报，其目的是吸引公众注意力、提升公众参与度。

设计需亮眼

从科学博览会到学术会议等各种场合，都可能用到海报。海报的主题不仅涉及科学与工程，还包括其他各种专题。设计师们在设计比赛中利用海报展示自己的创意，房地产开发商则以此来推广自己的城市设计项目。总之，海报的应用随处可见。

我想验证自己看海报的习惯是否奇特，于是调查了参加海报发布会的十几位同事。所有人都说他们只关注海报上的一小部分信息，并感觉海报有一个共同的特点：亮眼。

在参与新书的装帧设计时，我第一次真正了解了什么是"亮眼"。设计师并不太关心内页，但对书脊的颜色却特别在意。我知道，红色是不错的选择。在书店里，红色书脊往往很显眼，或者通俗地说很"亮眼"，容易吸引读者的注意力。

那么，什么元素能让海报的设计亮眼呢？除了书脊，还有什么？一种是标题样式，另一种是图形元素。

但这两种元素都还不够，标题样式和图形元素只是帮助你抓住潜在观众的眼睛，接下来，你还需要一些其他东西来引人入胜。

添加突出"成果"的元素

为了引人入胜，你还需要在海报中添加突出"成果"的元素。

有一次，我去一个大厅观看约 100 名研究生和博士后的应聘海报。我的时间有限，原想只关注那些设计亮眼又能突出研究成果的海报，但是我始终没有看到这样的海报。

但凡有成果介绍的海报，无疑我都会感兴趣。但是，很多海报并不能让我一目了然，所以我只好继续往下看。我不想因为看海报耽误了求职者的时间。

如果哪张海报有介绍"成果"的部分，或者至少有一个描述成果的标题，都会吸引我与求职人进行讨论，我可能会给他们一些有用的建议、向同事推荐他们的研究工作，而这很可能会改变他们的前途。

设计需要艺术创造

在演讲中，你作为报告人是主角，幻灯片是辅助手段。在海报陈述环节，你的海报将扮演核心的角色，而你则是解说员。

因此，海报的设计需要艺术创造。你需要确保你的平面设计凸显 VSN-C 框架。

使用扩展的 VSN-C 框架

在罗伯特·麦金太尔（Robert McIntyre）关于大脑保存的海报上，如图 29-1 所示，我们可以明显看到，左栏是关于"愿景目标"和"实施步骤"部分，右栏是关于"近期进展"和"成果展示"部分。

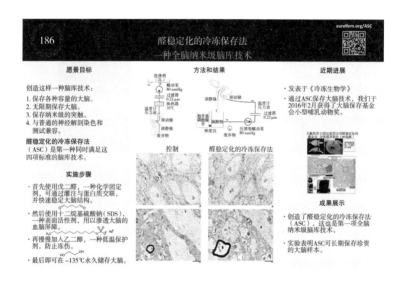

图 29-1　罗伯特·麦金太尔的学术海报

莎士比亚曾说，玫瑰不管叫什么名字都一样馨香。因此，面对不同的目标对象，你可以根据需要变化名称，但 VSN-C 框架的意识不能丢弃。

　　在图 29-2 中，奥斯卡·罗塞洛（Oscar Rosello）没有将"实施步骤"和"近期进展"部分明确纳入其中，但是"成果展示"部分可以反映"实施步骤"，所有的图片都旨在描述一个实验。

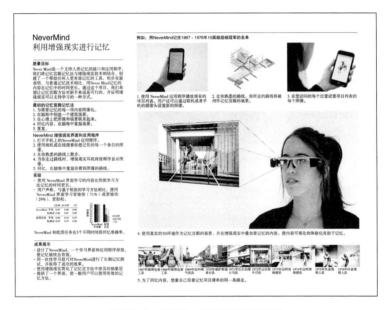

图 29-2　奥斯卡·罗塞洛的学术海报

　　有时，根据上级要求、行业传统等具体情况，海报需要包含一些特定的元素。在图 29-3 中，妮可·徐（Nicole Seo）根据要求，在其设计的海报中需要明确包含"前期工作""研究问题""参考文献""致谢"等内容。她的设计包含了这些内容，同时也保留了 VSN-C 框架。

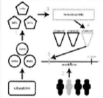

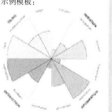

图 29-3 妮可·徐的学术海报

从解释词中获知更多内容

当你站在海报前展示自己所做的工作，就像是在讲故事。为此，你需要选择合适的方法来构思你的海报，这让我们联想到电影制作人所说的"故事板"。这是一种由一系列图形元素组成、用来显示影片效果的视觉草图，每一种图形元素都附有说明，描述电影每场戏的具体场景。

在电影制作人的故事板中，图形元素代表电影的一个个片段。而在海报中，图形元素可能更像演讲报告中所放映的幻灯片，上面有的包含图片、图表，有的包含问题、说明，还有的包含精心设计、精致简洁的项目符号列表。

只要海报以故事板的形式展出，无论你是否在现场，它都能有效地吸引听众。你如果在演讲现场，你可指向幻灯片中的图形元素，听众自然而然会忽略文字说明。如果你不在现场，文字说明会代你发言。

如图 29-4 所示，你可以用网格布局展示如何设计海报。"愿景目标""实施步骤""近期进展"等元素占据前半部分，最后是"成果展示"。听众看到这 4 种元素就会明白：你想干事、会谋事、能干事，也能干成事。

图 29-4　网格布局的故事板结构

更进一步说，"愿景目标"中的文字说明只有你不在现场演讲时，观众才需要对此关注。如果你在现场，可以明示听众对此忽略，而引导他们关注你的内容重点。

乔希·海姆森（Josh Haimson）在图 29-5 的海报中设置了故事板结构。其中的大部分文字说明，观众只需要在海姆森不在现场演讲时，才需要阅读。

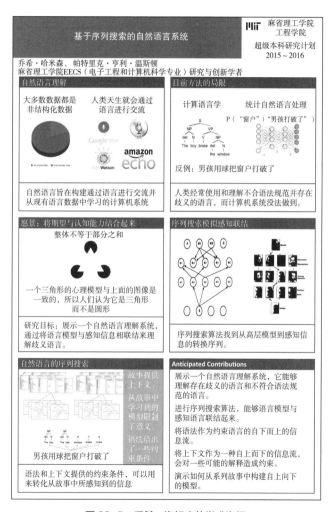

图 29-5　乔希·海姆森的学术海报

了解电子海报利弊

现在许多海报的展示都使用电子大屏幕，而不再张贴纸版海报。电子海报的优点是，即便在最后时刻，你也可以做出修改。而且，你也不需要找人印制海报。在电子海报中，你还可以插入视频。

很遗憾，电子海报也有缺点。一张纸版海报可以一次呈现全部内容，而电子海报得用两张以上或者说很多张幻灯片，才能把内容完整呈现，这样效果会很不好。假如你与听众交谈时幻灯片正好停在最后一页，此时经过的听众不会停下来加入你们的交流，因为他错过了你前面讲的"愿景目标"。有时，你很希望听众能对你的内容介绍保持兴趣，但他们可能等不到你最后讲"成果展示"而提前离场。有些听众希望走遍大厅不错过每一位报告人，如果他走到你面前，适逢看到你展示中间的几张幻灯片，他肯定不会耐心地听下去，而且还会影响其他人在你面前驻足。

如果把幻灯片展示限制为一至两张，就可以规避电子海报以上的缺点，而发挥它的优点。如果幻灯片多于一张，你应当在其中加入"愿景目标"和"成果展示"两部分。

幻灯片使用四象限图

我所认识的一些研究机构负责人，具有资助数十个项目的经验，他们在了解项目的详情时，经常让项目经理就每个资助机构准备一张幻灯片。此幻灯片像一张海报，以视觉形式总结该机构大量的相关工作。所有信息都设置在幻灯片四个规定的象限中，这样在听报告的过程中，可以避免在内容结构方面浪费时间。

一个标准的四象限图包括一个标题和分处四个象限的四个部分，即"图片和短语""影响""新理念""重大事件"，如图 29-6 所示。

你可能永远不会用到四象限图，但仍有必要了解一下它所包含的内容，因为四象限图就像海报一样，是对工作建议的一种有效的总结方法。许多人撰写工作提案首先为自己绘制四象限图，以确保提案中包含项目经理希望看到的内容。

图 29-6　四象限图

一般情况下，分处不同象限的"影响""新理念""重大事件"三个部分，每部分都由 3 ~ 5 个项目列表组成。这三个部分与另一象限的"图片和短语"部分，共同组成了一个项目的核心内容。

有时，报告主持人坚持用所谓的"保险杠贴纸"，如图 29-7 所示。这是一个艺术术语，指用来概括总结陈词的短语，通常用黄色突出显示。"保险杠贴纸"是展示符号、点睛之语、亮点、惊喜等重要信息的不错之选。

四象限图的各个部分对应于 VSN-C 框架的各个方面，用以加强"要点"中的各种元素。

图 29-7　使用"保险杠贴纸"的四象限图

"图片和短语"象限提供对策

"图片和短语"象限所对应的是加强听众印象的两个要素："点睛之语"和"符号"。它们的作用是说明你工作中要解决的核心问题，帮助你介绍"愿景目标"所涉及的问题，并提供一些关于"近期进展"的信息。

"影响"象限应体现客户的"成果展示"

"影响"象限对应 VSN-C 的"成果展示"部分，也可以包括"惊喜"部分。

在准备"影响"象限时，你必须聚焦赞助商的关注点。如果他们注重科学研究，那么你的"成果展示"部分需要帮助他们解决相关科学难题；如果赞助商倾向于支持军事项目，那么你的"成果展示"部分则应致力于帮助他们解决问题、完成使命。

"新理念"象限应诠释独特的"愿景目标"

"新理念"象限应侧重介绍你"愿景目标"的实现策略，也可以包含"亮点"。

"重要事件"象限对应具体"实施步骤"

"重要事件"部分对应 VSN-C 框架中的"实施步骤"。这一部分应当悉心撰写，因为你所写的每项行动方案都是做出的承诺，例如：在将来某一天前，你有责任完成某项明确的任务，包括研发、实施、展示、评估等。

切勿使用"改进"或任何与之同义的词语。如果使用，你将会给大家留下渐进主义者的印象，实际工作业绩往往进步甚微，如果从事技术相关工作，一般不会实现水平的飞跃。

关于"重要事件"，内容写得要具体，以便留有余地，下次确立更大的目标。比如，以下内容就过于笼统：

1 月 1 日：演示一个深度神经网络，经培训能够利用各种资源选取图像。

而以下这版更好：

1 月 1 日：演示一个 25 层深度神经网络，经培训能够使用从互联网提取的 1000 种动物的 1000 万张图像。

30　如何进行电梯演讲

在本章中，你将了解发表电梯演讲的方法和技巧。设想你和某位人士同乘一部电梯，他可能是风险投资家，你想给对方留下深刻印象。你只有在电梯上的这个机会，你必须在极短的时间内游说对方，推销你的想法，这便是电梯演讲。

电梯演讲适用面广泛

凡是你所从事的工作，你都应当做好准备，随时发表电梯演讲。你不一定在电梯里才用到它，而是可能发生在任何场合。也许在某人的晚会上，有人会问你做什么工作。如果此时你还未想好如何用简短的话回答，你可能会表现得语无伦次，甚至更糟。

VSN-C 案例

电梯演讲就是根据 VSN-C 框架，运用一段经过深思熟虑的话语，向人传达你的"愿景目标""实施步骤""近期进展""成果展示"等要素。以下我会列举一些典型事例，用一句话概括以上每个要素。

威尔伯·莱特（Wilbur Wright）和奥维尔·莱特（Orville Wright）1903 年首次试飞动力飞机后向公众讲话，很可能预先做过"电梯演讲"的预演。他们的策略是利用"愿景目标"要素，让大家想象未来飞机应用的前景；另利用"成果展示"要素，让大家了解他们的事业是以商业为导向的。他们的电梯演讲的台词大致如下。

创业案例：想象一下，如果让飞行器递送邮件、执行侦察任务，甚至载人，将会是什么样子？为了使这一切成为可能，我们学习了所有已知知识，试验放飞载人风筝、建造升降测试机器，并进行了创新。我们一台机器还试飞了 852 英尺。我们现在掌握了一些关键的专利技术，因此拥有一个重要的商机。

其余三个电梯演讲的案例发生在当代。前两个运用"如果……就……"句式陈述"愿景目标"。在学术案例中，"成果展示"旨在陈述一种新的科学认识；在国防案例中，"成果展示"旨在陈述为实现愿景目标如何破解难题的方法；在创业案例中，"成果展示"则旨在陈述一个改变游戏规则的商机。

学术案例：如果要让一个计算机程序像人类一样聪明，它们必须具备理解故事的能力，因为正是这种能力才使人类变得聪明。我们总结出了一套关于人类故事加工的理论，并用它来编写具备总结、劝导和教学能力的程序。我们所编写的一个程序已经能够讲述自己的故事，这表明它已经具备自我意识。相信不久以后，我们开发的各种程序都能解释它自身的行为，并可以通过自学培养出更多的能力。

国防案例： 为了实现我们的国防使命，我们必须降低新型武器系统的成本。具体而言，我们必须先确定哪些新兴技术可以产生最大的影响，然后将其纳入我们的使命范围，接着以最快速度付诸行动。当前，新兴的建模和仿真技术具有广阔的前景。我们利用这些新技术将能确保我们具有抵御新兴威胁的能力。

创业案例： 我们发现早教娃娃具有巨大的商机，它就像古希腊教育家当年注重儿童学前教育一样。我们正在制订一个技术开发计划和一系列营销措施，目的是让一岁的孩子能跟娃娃全面学习，从阅读到科学发现乐趣，不一而足。我们刚刚设计完成了一套具有奇异功能的 5 种早教娃娃原型，它们不仅能和孩子们交流，还能和他们合作解决后者的行为问题。硅谷很多人认为，这种产品将比 iPhone 和 Facebook 加起来还要热销。

以上每个案例英文原文约 100 个单词，演讲时间约 20 秒。除非你真的需要在电梯里演讲，时间很可能不至于这么短，但无论如何你应该准备好一场电梯演讲，随时随地能用得上。

即兴地从 20 秒扩展到几分钟很容易，但如果没有事先演练，几乎不可能将 30 ~ 60 分钟的幻灯片压缩至不到 1 分钟。

哪怕你觉得自己永远都用不到电梯演讲，你也应该准备好。这个准备的过程会让你明白，你的"愿景目标"经过浓缩留下的都是精华。

31　如何准备面试

在本章中，你将学习如何准备面试、减少对面试的恐惧。你将了解本科招生面试、研究生招生面试，以及各种工作面试中你可能遇到的各种问题。你还会学习面临媒体采访，应如何消除恐惧。

预测问题

很多面试前，你可以预测面试官可能问到的大部分问题。想象一下，如果你是对方，你会提出什么问题。

一次，我的研究生马克·芬利森（Mark Finlayson）准备教师岗位应聘面试，我和他一起花了半小时，预测他可能遇到的问题。我们猜测，面试官可能会问他如何给学校做贡献方面的问题。

在我们预测的 20 多道问题中，其中以下 4 个，他所面试的大学都以不同方式问了不下 10 次：

- 你所做的工作为什么很重要？
- 你和什么样的人合作开展你的工作？
- 你为什么想加入我们学院？
- 你今天感觉如何？

除了"你所做的工作为什么很重要？"这个问题，其他都是为了弄清求职者应聘的目的是否只是寻求一份工作保障。

我们的预测只是漏了一个重要问题，这个问题的问法不同，但意思一致，就是"你有什么问题要问我们？"。起初我们以为面试官问这样的问题只是图省事，但是后来我们意识到，这种问题是为了看应聘者是否有心深入了解应聘单位和员工。如果求职者没问，说明他不够有心，这会给面试官留下不好的印象。

我们的结论是：如果你要致函申请实习生、研究生或博士后职位，最好要表明你对对方的工作有深入了解。如果你毫无准备就进行咨询，不会有好的效果。

随机应变

如果你接受本科招生面试，考官会想知道你是如何应对困境的，你在校外和学校社团做了哪些工作，以及你将如何促进班级和谐。如果你参加研究生招生面试，考官则想知道你能为目前的研究做出哪些贡献。

如果你面试第一份行业职位，面试官会想了解你为申请的工作做出了哪些相关准备。

如果你已有工作经历，要面试一份类似的新工作，面试官会想知道之前你取得了什么样的成就以及是如何实现的。你可能会被问及：你最不喜欢目前工作的哪一方面？

我以前的一位学生，作为面试官就喜欢问这个问题，因为让员工做他们不喜欢的事情毫无意义。

我以前的另一位学生现供职于谷歌，他喜欢问求职者为什么想为他们单位工作，是想知道对方是否真心加入谷歌，而不仅仅是为了公司的福利待遇，同时，他也想确保此岗位是求职者的首选。

总之，你需要针对不同的面试情形，预测问题并切实准备好回答。

与朋友协作

如果你的朋友近期有过类似的面试经历，那么他们是你准备面试的最佳帮手。你可以向他们了解求职情况，将他们遇到的问题列一个清单，并思考你会如何回答这些问题。

你这些朋友也可以帮助你预测、应对各种面试官的风格。有些面试官会故意刁难你，考验你如何处理难相处的人。有些面试官会精心带你去吃饭，看看你是否嗜酒，抑或品菜时未征求你的意见而多放盐。还有些面试官则想知道你读什么书，怎么休闲，或者你心中的行为楷模是谁。你需要将以上问题列个清单，然后让你的朋友照此对你进行模拟面试。

对媒体采访环节了然于心

第一次被媒体采访，你可能会感到惶恐紧张。有一次，担任哥伦比亚广播公司《晚间新闻》24 年主持人的丹·拉瑟（Dan Rather）采访我关于人工智能的问题，我就有这种恐惧。我感到好像如临大敌，于是大家一起将我的办公室进行了翻新，我自己也盛装出席。

采访当天，从一开始我办公室就挤满了人，有灯光师、音响师、弱电工程师，还有 MIT 新闻办公室和 CBS 本地分支机构的工作人员。每个人都想与拉瑟见上一面。

没过多久，一名音响师要我坐在椅子上不动。照明灯光非常亮。

每个人都在和别人讲话，唯独没人和我说话。我内心惶恐不安，一时间不知所措。

随后，拉瑟走进来在我身边坐下，开始询问我当天的安排，学校以及我教授的工作如何。他说话声音很小，室内所有人都不再那么嘈杂。之后，中间没有安排间歇，采访录制正式开始，拉瑟开始以正常的音量同我对话。我没有时间顾得上紧张，就这样进入了访谈。

与采访者畅谈

现在每当接受采访，我都采用拉瑟与我谈话的方式先与记者攀谈，即在录音开始之前，先低声与受访人闲聊。有一次，中国著名访谈节目主持人杨澜带着一大群人员前来采访我，我们就是这样开场的。我先问她有多少人同行，她多久来一次美国，以前是否来过麻省理工学院，目前有无意外发现，等等。当摄像机开始拍摄，我只是提高了音量，自然过渡到我们正式的采访过程。

做好转换话题的准备

接受采访，你无法预测所有的问题，即使能做到，有些问题你也不想回答。你需要提前考虑对策，因为当聚光灯打在你身上时，你可能根本想不出应对之法。以下方法供你参考：

- 这方面我不好发表意见，我们还是谈谈……
- 这个问题我会及时给予回复，但是现在……
- 这个问题很有趣，但我认为更有趣的问题是……
- 我没有关注过这个问题，我认为真正的问题是……

提前征询问题

如果采访者希望你对他问的问题回答有深度，或者不想让你临场尴尬，他或许很乐意提前告知你一些关键问题。

有一次，一位采访者说打算让我评论"过去 50 年来，人工智能科学家一直预测计算机将在 20 年内赶上人类的智慧水平"这一现象。采访前我对这个问题做了深入思考。到了现场，我大致这样回答："我们不能苛责科学家们的这种预言，因为这最终会变成现实。但我认为，真正的问题是……"若现场问我这问题，我可想不好这一套说辞。

32　如何撰写评论

在本章中，你将学习如何撰写论文评论或者书评。

审核 VSN-C 要素

评论有很多种，其中包括文献评论。本章将讲述如何评论一篇论文或一本书。此类评论包含细节性总结、你的评论以及给目标读者的建议。

你可以使用标准的愿景目标、实施步骤、近期进展和成果展示框架来撰写评论摘要，但请注意，对于包含哪些内容和在何处使用，你有相当大的发挥空间。

下列范例评论了马文·明斯基所写的一篇论文。这篇 k 线论文被认为是明斯基的开创性成果之一，最终收入《心智社会》（*The*

Society of Mind）一书中：

> 明斯基在他的开创性著作《 K 线：记忆理论》（*K-Lines: A Theory of Memory*）中提出，要想理解人类智力，我们就必须回答 4 个问题：如何呈现信息？ 如何储存信息？ 如何读取信息？ 以及如何使用信息？
>
> 明斯基认为，记忆的功能是重建一种思维状态，以便遇到新问题时，我们就可重回之前解决类似问题时的状态。
>
> "k 线"是"知识线"（knowledge line）的简写，它是一种线状元素，在处理自上而下的信息的感知智能体金字塔中运作。一旦 k 线被驱动的感知智能体充分刺激，就会将其他感知智能体置于之前的状态，从而重新创造一种思维状态。
>
> 在该理论的进一步发展中，明斯基提出了知识智能体金字塔，它反映了感知智能体金字塔。受驱动的 k 线刺激知识金字塔中的智能体，这些智能体将刺激传递给其他的知识金字塔智能体，而这些智能体又通过其他的 k 线将刺激传递回感知金字塔。
>
> k 线理论是明斯基对人工智能的最大贡献之一。如果你对人类问题解决模型感兴趣，你应该读读这篇论文。

说明目标读者

范例对明斯基论文的评论建议要说明目标读者。当你认为一部作品有价值时，你应该明确指出目标读者是谁。只有目标读者描述得越准确，读者才越能被说服。

提供细节

因为细节有说服力，我为罗布·韦森（Rob Wesson）《达尔文的第一理论：探索达尔文对地球理论的探寻》（*Darwin's First Theory*）写的书评中提到了年份、地点、崎岖道路、贻贝尸骸和马铃薯地。

近期进展和评价　我是在麻省理工学院就读本科的时候认识罗布·韦森的。我当时坚信他会成为一名杰出的地球科学家，但从未想过他会成为一名杰出的作家。现在证据就在眼前，他同时也是一名杰出的作家。

用讲故事的方式描述愿景目标　《达尔文的第一理论》在很多方面让我着迷：作为一本达尔文传记，它着重描写达尔文成为进化论者之前的生平事迹；作为一部韦森自传，它再现达尔文地质主题之旅；作为一本故事书，它讲述了经历的 2010 年智利大地震的故事，与 1835 年那场令达尔文着迷的地震遥相呼应。

成果展示　达尔文和许多人一样，较晚才确定一生想做什么，在成为乡村牧师的道路上，承受了一些来自父母的压力。后来，他发现了对地质学的热爱，并提出各种理论，有些是正确的，而有些是错误的。韦森以一流悬疑小说作家的技巧描述这一切，他早早告诉我们，足以引起我们的好奇心，但还不足以让我们猜到故事结局。

自始至终，韦森揭示了在当时乃至如今人类在科学方面的遭遇，描述了达尔文遭遇到的挫折、争议和偶尔的怨恨。

韦森在达尔文故事中穿插了他个人的旅行经历，以考察相同的地质特征。韦森为我们提供了恰到好处的细节，让一切变得栩栩如生，仿佛你自己在曲折的道路上颠簸行进，寻找一排排贻贝尸骸，诉说海岸隆起的故事。

如果你想了解世界上最重要的科学家之一达尔文是如何发展他的理论的，读读这本书吧。如果你想了解人类在科学方面的遭遇，读读这本书吧。如果你想成为一名科学家，读读这本书吧。如果你好奇地球科学家在马铃薯地里挖洞寻找海啸沉积的沙层时是多么兴奋，那就读读这本书吧。

33　如何撰写推荐信

在本章中，你将学习推荐信所涉及的要素，还可以了解如何推荐某人申请研究生入学、学术工作或学术奖项。

遵循广泛适用原则

当然，写推荐信时你应使用 VSN-C 框架，还应小心添加其他要点，并排除可能降低个人影响的意外因素。

包含愿景目标、实施步骤、近期进展以及成果展示等要素

当你为他人写推荐信，无论是为申请入学、求职或是获奖，你是在力荐应试者的能力，因此你的目的是证实应试者拥有愿景目标，以及实现愿景目标所需的特质。当然，愿景目标的特征各不相同。研究生院入学推荐更注重学生想做什么以及如何凸显其能力；求职推荐应谈及其个人前景、技能和动力；升职或奖项推荐则需强调成

就，而不是潜力。

遵循格赖斯会话原则

写推荐信时，应当尊重群体期望。英国哲学家保罗·格赖斯（Paul Grice）曾论述过关于交际的群体期望，尤其是日常会话交谈，他讨论的 4 条会话原则在推荐信中仍有借鉴意义。

质量准则：大多数群体都希望你有诚信，所以你不应该撒谎。同样，你只能断言那些证据确凿的事情，针对推测之事不应该言之凿凿。

数量准则：你说的话应符合当前交谈所需，故说话的信息应当完整详细，符合群体期望。

关系准则：你的说话内容应当具有关联性，因此你不应前言不搭后语，扰乱交际。

方式准则：说话要清楚明了。

正如格赖斯所指出的，如果你故意违反其中一条准则，那么这种违反行为就意味着你缺乏一些东西。如果你的推荐信篇幅过短，就违反了量的原则，意味着你缺乏热情。如果你措辞模棱两可，便违反了方式准则，同样意味着你缺乏热情。

根据群体期望撰写信件

一位物理学同事曾告诉我，他撰写的终身任职推荐信篇幅从来没有超过一页。在他的领域里，群体期望是推荐信在给定子栏的星级排序，并确定应试者在列表中所属位置。在我的人工智能领域，只写一页信件会被视为缺乏热情、消极推荐。他们期望热情的推荐人用多达几页的篇幅详细介绍被推荐人。

确保措辞明晰

一位同事来到我的办公室，让我看一看他正在起草的推荐信。我读后说："这封信似乎缺乏热情，这是你想要的效果吗？"他很吃惊我的反应，也很高兴地修改了推荐信。我注意到他实际上并没有写"……我推荐……"这类用语。

所以，加上这些词是非常有必要的。一旦写完，问题就来了，你用哪个修饰语？一个都没有？热情推荐？强烈推荐？你必须仔细筛选修饰语，因为人们会仔细阅读推荐信内容，并且形成自己的理解。

我读过措辞最明确的一封推荐信是这样总结的："如果我没能说服您接受 ×，那是我的失职。望告知，今后我会更加努力。"

讲述故事

当你讲述某一个人有趣或好玩的故事时，你达到了两个目的：第一，证明你确实非常了解这个人；第二，提供了一种讲述方式。比如：

> 拉奥博士第一次作为一名本科生来找我的时候，我当时建议他可以研究学习"未遂事件"。我问道："当没有接近学习程序进化模型的非示例时，学习程序是如何学习的？"我为此思考了好几个月却毫无所获。令我惊讶的是，两周后拉奥博士带着解决方案回来了。"你最近在思考什么？"我问。他说是"未

递事件"，并宣布了他很好的解决方案！

谢绝电话联系

许多推荐信的结尾都写着："请随时与我联系……"读者很可能会认为这句话是在暗示"我不是很喜欢这位被推荐人，但我不想表现出我的不情愿，所以请给我打电话，我来告诉你我的真实感受"。

因此，如果你真的提不起劲，也许你根本不应该写。那么，请告诉被推荐人你觉得自己无法写出一封有帮助的推荐信。

根据情况，增加有关内容

除广泛适用的推荐信写作原则外，还存在应对特殊情况的特殊需求。

针对研究生招生，注重证明研究潜力

本科招生由专业人士进行，目标是建立一个协调的、全面的班级。他们吸引了未来的诗人、运动员、作家、学者、企业家以及世界拯救者。

研究生招生则由教师进行，其目标是加强他们的研究水平，而不关心与研究无关的本科生活动，所以不必纠结于是否要添加这类活动经历。通过一段简短介绍被推荐人的之前经历，可以让教师有个清楚的了解，哪怕他们对此并不太感兴趣。

应特别注意避免使用可能因性别而对结果产生影响的写作方式。如果你不认为男性被推荐人"有魅力"，也不要这样描述女性被推荐人。

针对学术工作，注重愿景目标和工作进展

应聘者获得工作机会是因为决策者认为他能让公司变得更好。特别是大学，他们会考虑招收的学生是否能帮助提高学校的短期声誉。因此，求职者必须是一个在将来有影响力的人，并且会因为在雇佣他的公司工作而产生影响力。

接下来，你应该强调应试者正在为了实现愿景目标而进行一系列努力，并把重要的实施步骤放在前面。

针对商业工作，注重近期成果

一旦某人进入职场，没有人会关心这人的过往。他也许曾是大学学生会主席或击剑队队长，但并没有人会在意这一点，除非你在信中点明他的这些成就，在某种程度上将在未来促成成功。雇主更想知道求职者究竟能为他们做出何种贡献。

如果你是求职者，你可能想对当前雇主保密个人的求职动向，在这种情况下，你可能就是自己的主要推荐人，你应该在简历上展示自己的诸多成果。请把简历的篇幅集中于介绍你的近期成就上：

- 管理过一个拥有 25 名工程师的项目团队。
- 入职第一年将销售额提高了 25%。
- 开展过一个价值 2500 万美元的营销活动，并且相当成功。

还要加上一段，陈述你的目标，这应与你当前正在找的工作相关，并确保你所追求的目标是为了实现公司成功。

奖项推荐信，注重影响力和激励作用

颁发奖项是因为决策者认为获奖者也将给颁奖组织带来荣誉。

因此，你需要向决策者证明选择你推荐的候选人将是一个明智的决定。那么，该奖项的候选人必然具有影响力。

为此，你必须具体说明该候选人的影响力如何。你可以写你对他印象深刻并说明原因；或者介绍他正在做的下一步工作；又或者介绍哪些地方在采用他的想法。所有这些都有助于向决策者证明他们的选择值得认可，是明智之举。

你可以通过解释该候选人对你的影响，来进一步更好地达到推荐效果。这一解释可以让决策者相信，至少有一个人（也就是你自己）会认为选择该候选人非常明智。例如，西蒙·乌尔曼成功获得了埃梅特艺术、科学和文化奖（Emet Prize for Science, Art, and Culture），以下是我为他写的推荐信：

> 我引用了乌尔曼博士工作的一些具体例子，原因有二：其一，通过列举例子展示乌尔曼博士的杰出成果；其二，通过这些贡献对我个人的影响，证明这些贡献远远超出了计算机视觉领域，还影响了人工智能领域的研究人员。

询问并提供谈话要点

如果你答应推荐某人，你应该向被推荐人要求提供一份谈话要点清单，而不应从求职信、意向书或任何简历中挖掘他的特殊品质。

反之，如果你是被推荐人，你的推荐人需要你的帮助。他们习惯了读谈话要点，从中了解自己不曾知道的被推荐人的独特品质。

不必担心你的谈话要点略显自负——无论如何，你的审稿人会调整措辞。

34 如何举办简报会

确保内容相关性

简报会向行业参与者介绍研究前沿的进展情况。麻省理工学院全球产业联盟（Industrial Liaison Program，简称 ILP）每年组织三到四次面向行业的简报会，向其成员公司介绍学院的研究进展并讨论当前影响行业的问题。通常，每次会议持续一到两天，由 MIT 代表教师和研究人员进行功能演示，并提供各种机会以满足非正式讨论和社交需求。

我与 ILP 合作举办了以"人工智能革新"为主题的简报会。当时，有很多怀疑论者认为人工智能行业进入寒冬，所以我的目的是告诉世界，人工智能行业已迎来春天。

ILP 人员认为这是个好思路，所以我们决定与来自 MIT 和业界的发言人进行为期一天半的交流。

自然，我急切地想了解如何才能确保会议取得成功。奇怪的是，在 MIT 没有多少人考虑过这个问题，但是那些人对我说："哦，你得去问问艾拉。"艾拉·奥尔特曼（Ira Alterman）在当地一家公司工作，该公司出售精心策划的邮件列表，ILP 经常委托该公司把会议手册发给目标人群。

因此，我请教艾拉："艾拉，我需要怎么做？"他说："哦，很简单，你只需要做两件事。第一，确保每次演讲都以'业务信息'的幻灯片结尾；第二，确保参会人员获得所有幻灯片。"

确保幻灯片包含"业务信息"

为什么每次演讲都要以一张标题为"业务信息"的幻灯片结束？艾拉解释道：科研人员经常滔滔不绝地讲自己的研究，他们忘记大家参会的目的是想了解新技术的运用。如果每次演示结尾都展示"业务信息"的幻灯片，这就是告知参会者，会议提供商业信息。

也许更重要的一点，幻灯片能促使演示者思考新技术所能提供的业务信息。

我得出结论，介绍"业务信息"的幻灯片是另一种"成果展示"的幻灯片，所以我决定给所有的演讲者增加任务，让他们把"业务信息"作为最后一张幻灯片的主题。我也在我的开场概述中添加了一张"业务信息"幻灯片。

我的最后一张幻灯片指出，整个会议表明：人工智能的重要性再次凸显；微软、迪士尼和通用电气等公司的发言人都佐证了这一点；计算机功能越来越强大；现实世界里，基于规则的系统理念已不再一枝独秀了。

向参会者提供幻灯片复印件

"其次，"艾拉说，"你得确保所有参会者都能拿到幻灯片。"这似乎有些奇怪，因为我无法想象人们那么忙，哪有时间回顾他们在会上了解到的内容。但艾拉坚持己见。每位发言人在规定的时间内展示幻灯片，他们一讲完，我就要求把他们所演示的幻灯片进行复印——我让助理快速复印，争取在中场休息时把复印件分发给800名参会者。

请注意，我事先问过发言人是否可以分发他们的幻灯片，如果发言人愿意的话，我建议他们在每张幻灯片上都附上版权声明或分发范围。

明确汇报的重点

我以为一切进展顺利，对第一天的会议感觉甚好，所以那天晚上去参加了会议招待会。但是随后，我询问了一位参会者，问他是否对这次会议满意。他回答："还不错，但是比不上媒体实验室所举办的会议。""这是为什么？"我问道，想着也许可以改变他的看法。他回答说："媒体实验室的负责人会时不时站起来，对收获做适当的总结。"

我恍然大悟，突然意识到为何每次演讲都要以一张"业务信息"幻灯片结束，为何参会者需要幻灯片复印件，为何我需要时不时总结会议的重点。

参会者返回单位后需准备一份会议汇报。

我凌晨4点起床，把重要信息整理出来，准备第二天上午的演讲，我的演讲安排在会议的最后一个中场休息前的一场。我一开场便说："麻省理工学院校长查尔斯·维斯特（Charles Vest）让我告诉他开会的要点。我不知道你们回单位后是否也会汇报了解到的情况，但以下是我准备向校长汇报的内容，顺便说一句，我刚刚已把所有幻灯片都放到网上了，包括所有的'业务信息'幻灯片。你们可以根据需要使用。"

　　因此，我为参会者制作了带有会议纪要的幻灯片，或者至少给他们提供了要点，他们可以根据自己的印象做出调整。他们很喜欢这种做法。随后，在茶歇时间填写会议反馈时，参会者给出了自全球产业联盟会议举行以来的最高分数。

35　如何进行小组讨论

　　在本章中，你将学习如何顺利进行小组讨论。通常，小组讨论不会因为乏味的开场白，冗长的介绍或是因没有安排主持人而结束。

安排小组成员分坐三张桌子

　　听众应该感觉得到自己正切身参与讨论中，而不是仅仅旁观一场难懂的草草结束的谈话。

　　讨论人数以 4 ~ 6 人为佳，不宜过多。建议让他们坐在开放式 U 形桌前。为了让小组成员感到舒适，尤其在舞台上，需确保桌子安有前挡板。成员们需要准备好饮用水以免口干，还需准备纸和笔，方便在讨论过程中整理自己发言的观点。

　　注意把主持人安排在讨论桌上，但是不要安排在正中间或两端。让大家觉得主持人也参与讨论，如图 35–1 所示。

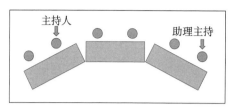

图 35-1　主席台安排

有一个助理主持有时会大有益处；助理主持可以在主持人忙于当前问题的同时思考下一组问题。将助理主持安排在距主持人最远的一端，使他远离中间位置，以免太过对称，反而不美观。

简要介绍小组成员

由主持人介绍小组成员。如果让小组成员自我介绍，他们不知道该说些什么或该说多少。把介绍内容限制在一两句话内，解释他们的观点为何如此之重要；如果说太多，观众就失去耐心了。

随后，主持人通过问问题补充介绍每个小组成员的成果和背景等有用细节信息。

- 马文，你在研究 K 线的这些年里，有没有过……
- 帕特里克，你曾是马文的学生，你能告诉我们…
- 苏珊，你的某篇论文为什么写……

省略开场白

有时，有人会说："开始小组讨论前，先做一个开场白，给每个成员 5 分钟的时间。"

你最好礼貌表示那 5 分钟的开场白并不是个好主意。因为成员会苦恼于如何把自己的演讲压缩到 5 分钟。这是不可能的，因为幻灯片过多，而且每张幻灯片上的文字也很多。演讲将会很难懂，主持人因此紧张起来，开始身体往前倾，希望能打断他，但发言人丝毫没有停下来的意思。氛围开始变得紧张起来。真正的讨论还没开始，一个小时就已悄然流逝。

大家都应该清楚，在电视辩论和市政厅会议上，开场白是不用幻灯片的。政客们最多用一分钟左右来开场，这部分通常十分无趣。

因此，最好由主持人简单提问，引导发言人说出他们想说的内容。这样看起来像是自发的讨论。

但是如果你是小组内一员，遇到了一位想要小组成员做开场白的主持人，该怎么办呢？发言开头这样说："我认为最好长话短说，这样我们就能尽快过渡到问答环节。"然后就像电梯演讲似的简要阐明要点。

如果小组讨论需要开场白，我会询问主持人能否让我最后发言。于是，届时这样说："啊，时间过得很快，若跳过我的开场白，直接进入问答环节，这样再好不过了。首先第一个问题先问我自己……"

准备问题

省略开场白的另一原因在于开场白会给小组成员带来压力。有些人会因要准备得体的开场白愈加紧张，一切都按部就班，少了即兴发挥。

因此，可提前询问各小组成员想表达的观点。然后，你通过问题把他们的观点引出来，似乎是即兴发挥地回答了这些问题。

当然，你也应该思考自己想表达什么观点，并安排提问来引出观点。

不用讲台，不用安乐椅

由于没有开场白，也不播放幻灯片，所以不需要讲台。我最不愿意看到的情况就是小组成员找到讲台，并想利用讲台。

不要摆放那种放在客厅里的安乐椅，不知情的人还以为是为了让小组成员身心轻松，其实不然。小组成员坐在安乐上，会好奇观众眼中的他们是什么样子。"我可以跷二郎腿吗？""我的胳膊该放哪？"，显得局促不安。

提出棘手问题，开启辩论

想起上次看政治辩论时的场景，主持人认为电视观众喜欢看双方尴尬和争辩的场面。某种意义上，我们都是喜欢看热闹的人。

可以询问小组成员为何工作进程缓慢，询问某个小组成员另一个同伴的做法问题出在哪里，曝光过去的糗事，质疑正在做的事情是否存在很大风险……

让听众用纸条传递问题

如果听众很多，你并不希望有人提出愚蠢的问题，不希望有人长篇大论，不希望问题偏题，那就安排人员收集听众写在纸条上的问题，然后对它们进行分类，以便找出常见问题、最佳问题或综合大家的问题。你可以在助理主持在提问时完成上述工作。

将讨论限制在一个小时内

你希望观众觉得讨论越热烈越好。想要讨论热烈，一个小时刚好，90 分钟时间过长。有开场白的话，则需要 90 分钟，但你不需要开场白。

结束时做出总结

讨论时间结束后，由你或者你指定人员总结他们从小组讨论中得到的收获。当然，是你希望他们得到的收获。

由于准备了很多问题，而且你了解可能的答案，所以你可以提前准备好总结。有意思的问题和答案出现时，把总结进行适当的调整。

致 谢

非常感谢凯伦·普伦德加斯特（Karen Prendergast）和萨拉·温斯顿（Sarah Winston）为本书提出的诸多建议，这些建议我都已采用，谨在此致谢。

感谢保罗·克尔（Paul Keel）和高桥千爱（Chiai Takahashi）为本书提供了许多关于结构、布局和内容的建议。感谢吉尔·普拉特盛情作序。

感谢其他很多人对本书的内容提出了重要改进建议，其中包括：罗伯特·贝里克（Robert Berwick），罗伯特·伯恩鲍姆（Robert Birnbaum），菲利普·布罗（Philippe Brou），兰德尔·戴维斯（Randall Davis），德洛雷斯·埃特（Delores Etter），马克·芬利森（Mark Finlayson），凯瑟琳·弗里曼（Kathleen Freeman），埃伦·希尔德瑞斯（Ellen Hildreth），迪伦·霍姆斯（Dylan Holmes），鲍里斯·卡茨（Boris Katz），金伯利·科伊尔（Kimberle Koile），亚当·克拉夫特（Adam Kraft），亨利·利伯曼（Henry Lieberman），大卫·马丁内斯（David Martinez），乔尔·摩西（Joel Moses），佩吉·摩西（Peggy Moses），杰拉尔德·杰伊·苏斯曼（Gerald Jay Sussman），朱莉·苏斯曼（Julie Sussman），彼得·索洛维茨（Peter Szolovits），迈克尔·特尔森（Michael Telson），高拉夫·特瓦里（Gaurav Tewari），赫克托·巴斯克斯（Hector Vazquez），大卫·威

尔科克斯（David Wilcox），罗伯·维森（Rob Wesson），杨柱天（音译，Zhutian Yang）等。

我还要特别感谢詹妮·普拉特（Janey Pratt），感谢她为本书提供的宝贵建议和对我的鼓励。

后记：学会有效沟通之道

打开这本书时，我承诺：从这本书中你能学到如何演讲，如何写作。你在学习如何沟通上的投入所带来的回报会比你任何其他方面的投入带来的回报都要大。

现在看看你已掌握的本领。

- 你学到了劝服他人的要点，愿景目标、实施步骤、近期进展和成果展示交流框架及各种让人印象深刻的交流方式。
- 你学到了授课的要点，包括确定教学目标来组织教学。
- 你学会了演讲的具体方法，重点在于幻灯片的制作。
- 你学会了如何写作，强调文章构架和写作风格。
- 你学会了如何授课，尤其是如何讲故事。
- 你学到了如何设计，尤其是布局。
- 你了解了一些特殊案例，包括海报及推荐信写作等。

如果你只运用了这本书中的一个原则，就有可能改变你的生活，帮助你找到工作、赢得奖章、获得经费或者拿到合同、销售成功、说服老板、吸引风险投资商投资、激励学生，甚至发起一场交流革新。